황혼의 미학

황혼의 미학

2009년 11월 초판
2024년 7월 23쇄
옮긴이 · 윤선아
펴낸이 · 박현동
펴낸곳 · 성 베네딕도회 왜관수도원 ⓒ 분도출판사
찍은곳 · 분도인쇄소
등록 · 1962년 5월 7일 라15호
04606 서울시 중구 장충단로 188(분도출판사 편집부)
39889 경북 칠곡군 왜관읍 관문로 61(분도인쇄소)
분도출판사 · 전화 02-2266-3605 · 팩스 02-2271-3605
분도인쇄소 · 전화 054-970-2400 · 팩스 054-971-0179
www.bundobook.co.kr
ISBN 978-89-419-0907-1 03230

안셀름 그륀 지음 | 윤선아 옮김

황혼의 미학

분도출판사

Die hohe Kunst des Älterwerdens

신학자이자 영성가인 헨리 나웬은 늙음에 관한 책을 썼다. 그 첫
부분에 발리 섬의 전설이 나온다.

외딴 산속 한 마을에, 노인을 제물로 바친 다음 먹어 버
리는 관습이 있었다. 그러다가 노인이라곤 한 사람도 남
지 않게 되었고, 대대로 내려오던 관습은 사라졌다. 그러
던 어느 날 마을 주민들은 그들이 다 모일 수 있는 큰 집
을 짓기로 하고 나무를 베어 냈다. 그런데 통나무의 아래
위를 구별할 줄 아는 사람이 한 명도 없었다. 대들보를
거꾸로 세우면 집이 무너져 죽을 수도 있었다. 그때 어떤
젊은이가 더 이상 노인을 잡아먹지 않겠다고 약속한다면

해결책을 내놓겠다고 제안하자 다들 흔쾌히 약속했다. 젊은이는 오랫동안 숨겨 놓았던 자기 할아버지를 모시고 나왔다. 그리고 노인은 통나무의 아래위를 구별하는 법을 가르쳐 주었다.

오늘날 이 전설은 과거 어느 때보다 더 현실적으로 들린다. 우리도 노인들을 '잡아먹고' 제물로 바칠 위험에 빠져 있다. 사회가 고령화되고 있다고 입을 모아 한탄하는 사람들의 어조는 상당히 공격적이다. 그러면서 우리는 노인들을 젊은 사람들 사회에서 따돌리며 소외시키고 있다. 대중매체 토론에 참석한 어떤 사람들은 노령 인구가 증가하면서 사회가 떠안는 부담도 가중되며 후세에 무거운 짐이 된다고 주장하기를 서슴지 않는다.

발리 섬의 전설은 노인들이 이해타산의 희생 제물이 되어서는 안 된다는 것을 보여 준다. 그렇게 된다면 우리 실존의 단편들 가운데 무엇이 위에 있고 무엇이 아래에 있는지 아는 현자들을 잃게 된다. 오늘날 우리에게도 삶의 조각들을 어떻게 짜맞출 수 있는지, 공동체와 사회를 받쳐 줄 견고한 집을 어떻게 지을 수 있는지 가르쳐 주는 노인들이 필요하다. 발리 섬의 전설에 등장하는 노인은 통나무의 아래위를 구별할 줄 알았다. 삶을 성취하기 위한 척도를 알았다는 뜻이다. 지혜로운 노인들이 사라진다면 우리 사회는 무엇이 바른가를 가늠하는 능력을 잃게 된다.

옛 사람들은 노인을 매우 존경했다. 노인은 민족의 재산이었다. 이스라엘 백성을 약속의 땅으로 이끈 모세는 하느님이 받아 적으라고 한 노래를 백성들에게 들려주며 하느님의 뜻을 가르쳤다. 이때 그는 노인들을 주목하라고 권고했다. "노인들에게 물어보아라. 말해 주리라"(신명 32,7).

모세는 백성을 잘 살게 하는 지혜가 노인들에게 있음을 알고 있었다. 반면 오늘날에는 젊음이 유일한 이상理想이다. 젊음을 유지해야 한다고 생각한다. 칼 융은, 노인이 젊은이처럼 행동하고 일에서 젊은이를 능가하는 열성과 성과를 보여야 한다고 믿는다면 이는 문화 도착倒錯이 아닐 수 없다고 말했다.

오늘날의 사회는 지혜가 무엇이고 노년의 의미가 무엇인지 아는 새로운 감각이 필요하다. 이 감각을 예민하게 발전시킬 때 사회가 품고 있는 보화를 발견하고 보존할 수 있다. 노년의 가치를 소중히 여기는 자세는 늙음을 긍정적으로 바라보게 해 준다. 모든 인간은 날마다 늙어 간다. 예외란 없다. 그러므로 늙음에 대한 숙고는 노인들뿐 아니라 모든 사람에게 중요하다. 늙어 간다는 사실을 직시할 때만 삶은 성취된다. 늙지 않는 사람은 없다. 늙음에 대한 성찰은 인간의 신비에 대한 성찰이기도 하다.

인간은 늙는다. 그러나 이른바 곱게 늙느냐 아니냐는 당사자에게 달려 있다. 훌륭하게 나이 드는 일은 고도의 기술이다. 독일어 '기술'(Kunst)은 '할 수 있다'(können)에서 왔다. 이 단어는 '알다’(wissen), ‘이해하다’(verstehen), ‘분간하다’(kennen)라는 동사와 밀접한 관계가 있다. 훌륭하게 나이 드는 기술을 터득하려면 노년의 신비를 알아야 한다. 연습도 많이 필요하다. 기술은 저절로 터득되지 않는다. 잘 늙는 방법을 연습해야 한다. 그렇다고 완벽해야 한다는 말은 아니다. “타고난 명인은 없다”라는 속담이 있지 않은가. 나이 드는 기술을 배우는 과정에서 실수를 해도 괜찮다. “실수가 지혜롭게 한다”는 속담도 있다. 그리스 철학자 플라톤은 기술은 흉내 내는 것이라고 했다. 인간은 자연에서 관찰한 것과 하느님이 그에게 불어넣어 주시는 생각에서 떠오르는 것을 흉내 내는 존재다. 인간이 흉내 내면서 예술적인 것을 창조해 내려면 형상을 이룰 수 있는 힘, 즉 형성력形成力이 필요하다고 플라톤은 주장한다. 늙는 것도 형성되는 것이다. 이때 인간의 신비에 대한 지식과 자신의 내적 발전에 대한 인식에 관심을 두어야 한다. 타고난 성향에 따라 ‘나’라는 인간 존재를 형성하고 싶다는 욕구도 필요하다. 의학사가 하인리히 시페르게스는 자기 나름의 틀과 모양을 정하고 저마다 방법을 택해 나이 드는 기술을 익혀야 한다고 말한다.

> 나이 드는 기술과 늙음이라는 예술 작품을 향한 길은 결국 자기 스스로 찾아야 한다. 나 대신 늙어 줄 사람은 없다(Schipperges 113).

나이 드는 기술에 대한 기본 원칙이 몇 가지 있다. '받아들이기', '놓아 버리기', '자신을 넘어서기'다. 나이 드는 기술을 배우려는 사람은 노년의 덕德을 습득해야 한다. 모두에게 해당되는 이 원칙들에서 각자 자기만의 방법을 찾아야 한다. 늙는 것을 어떻게 대할 것인가, 무슨 일이 생겼을 때, 질병·상실·자신의 한계에 부닥쳤을 때 어떻게 대처할 것인가를 스스로 결정해야 한다.

뮌스터슈바르작 수도원 수사들과 친구들이 모여 대화하면서 나이 드는 기술을 배울 때 무엇을 흉내 내고 싶은지 생각해 보았다. 노년을 잘 표현해 주는 이미지도 찾아보았다. 어떤 부인은 사계절이 인간의 삶을 잘 표현해 준다고 말했다. 생명을 꽃피우는 봄은 유년기와 청소년기를 상징하고, 강렬한 햇볕을 비추는 여름은 청년기를 상징한다. 노년은 나름의 아름다움을 간직한 가을이다. 나도 그리 생각한다. 가을은 가을대로 아름답다. 햇볕은 부드러워지고, 아름다운 단풍에 할 말을 잃고, 수확의 기쁨과 창조의 은총을 만끽할 수 있는 계절이다.

직장에 다니며 일에 파묻혀 살 때는 세상의 많은 일을 알아채지 못하고 지나쳐 버리기 일쑤다. 인생의 '가을'에는 아름다운 것을 보고 즐기는 일이 중요하다. 업적을 쌓는 대신 그냥 존재하는 것만으로도 족하다. 하느님이 창조하신 이 세상도 가을에 새 열매를 맺듯 새로운 것을 시도해 보는 것도 노년의 과제다. 직접 손으로 무엇을 만들어 볼 수도 있다. 뜨개질, 그림 그리기, 도자기공예, 공작, 조형을 예로 들 수 있겠다.

가을이 지나면 겨울이 온다. 겨울도 겨울만의 아름다움이 있다. 겨울은 휴식과 고요로 충만하다. 눈 덮인 풍경을 보면 마술에 걸린 듯하다. 나이 드는 기술을 배우면서 가을과 겨울을 흉내 내면 어떨까? 아름답고 풍성한 수확을 거두는 가을과 사랑의 온기로 가득 찬 평온하고 고요한 겨울이 되도록 노년의 삶을 가꾸는 것이다.

그런데 가을과 겨울에는 힘든 일도 겪는다. 가을 폭풍은 나무를 뿌리째 뽑아 버리고 친근한 것들을 앗아 간다. 겨울 혹한은 모든 것을 얼려 버릴 것 같다. 폭설로 세상과 격리될 수도 있다. 가을과 겨울의 아름다움뿐 아니라 그 혹독함도 받아들이는 것, 많은 일이 우리를 괴롭힌다 해도 삶의 모든 시간을 변화시키고 따뜻하게 해 줄 사랑을 발견하는 것도 나이 드는 기술이다.

한 수사는 포도나무가 노년을 잘 상징해 준다고 말했다. 가을 날의 포도 열매는 특별히 애쓰지 않는다. 수확 때까지, 사람들에게 기쁨을 주는 포도주가 될 때까지 햇볕을 받으며 익어 가기만 하면 된다. 노인은 더 이상 업적을 쌓으려 하지 않아도 된다. 공로를 쌓아 남의 인정을 받을 필요도 없다. 그냥 있는 것이다. 그러나 포도나무는 이것이 수동적 실존이 아님을 보여 준다. 포도나무에는 나무를 살게 하는 내적 생명력이 있다. 따라서 노인이 자기 안에 있는 것을 드러내 표현할 수 있을 때 노년은 풍성한 수확을 거둘 수 있다. 이 내적 생명력은 글이나 이야기, 그림이나 음악으로 표현될 수 있다. 파블로 피카소, 마르크 샤갈 같은 화가나 파블로 카살스, 세르주 첼리비다케 같은 음악가는 고령에도 자기 영혼의 풍요로움을 표현함으로써 수많은 사람을 행복하게 해 주었다.

세상에 전하고 싶은 중요한 것을 마음에 담고 있는 노인이 많다. 그러나 이를 많은 사람 앞에서 표현할 기회가 적다. 노인들이 자신의 내면에 간직한 진정한 보화를 주제로 삼아 표현할 수 있다면, 그리고 거기에 귀 기울이고 주의 깊게 살펴보는 사람을 발견한다면 나이 드는 고도의 기술을 터득할 수 있을 것이다.

노인이 앉아 있는 안락의자도 노년을 상징한다. 안락의자에 앉아 있는 노인은 주위에 일어나는 일들을 그저 보고만 있다. 노인의 눈길이 자기 주위를 향하고 있더라도 실은 자기 내면을 들여다보는 것이다. 노인은 안락의자에 앉아 주위 사람들에게 평온과 확신을 선사한다. 안락의자 말고 공원이나 집 앞 벤치도 노년을 상징한다. 벤치는 노년의 아름다운 상징이다. 노인들이 벤치에 앉아 지나가는 사람들을 바라보며 침묵하고 있어도 대화가 이루어진다. 따로 자리를 마련할 필요가 없다. 겉으로는 분명 고독해 보이지만 노인들은 그 상황의 중심에 앉아 있는 셈이다. 벤치 앞을 지나는 사람들이 노인에게 말을 건네기도 한다. 그러면 노인들은 귀 기울여 듣고 자기 마음을 움직이는 일들에 대해 이야기한다. 누가 물으면 지난 시절 이야기도 들려준다. 이렇게 그들은 삶의 일부를 이루며 공동체에 속하게 된다. 그러면서 행동은 젊은이들에게 맡긴다. 노인들은 간섭하지 않고 젊은이들이 의견을 물으면 몇 마디로 자기 생각을 내놓을 따름이다. 사람을 있는 그대로 받아들이는 것은 다른 사람을 위한 축복이다.

늙음에 대한 성찰은 삶에 대한 성찰이다. 시페르게스는 늙음과 올바른 삶의 기술에 대한 관계를 묘사한다.

> 늙는 것이 무엇인지 모르는 사람은 삶이 무엇인지 모르는 사람이다. 늙는다는 것은 나이와 함께 세월로 들어온다는 뜻이다. 시간이 무엇인지 알고, 시간과 함께 가고, 시간 가운데 서며 시간을 거슬러 가기도 한다는 뜻이다. 늙는 것은 걷는 것이며, 사라지는 것이고, 자기 내면의 모습을 잃지 않으면서 변화하는 것이다. 그때그때 겪는 작은 체험이 모여 큰 희망 한가운데로 늘 새롭게 걷는 것이다(Schipperges 9).

따라서 늙음에 대해 사색할 때는 내 삶의 의미는 무엇인지, 어떻게 하면 현재(내가 처한 상황과 나이)를 의식하며 주의 깊게 살 수 있는지 물어야 한다.

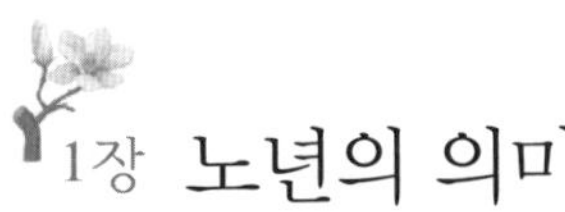

1장 노년의 의미

나이 드는 기술에 대해 쓰기 전에 우선 노년의 의미에 대해 생각해 보자. 나이 든 사람이 노년의 의미를 알지 못한다면 앙심 가득한 마음으로 젊은 사람들을 볼 것이다.

그런 사람들은 젊은이의 젊음과 그들 앞에 펼쳐진 미래, 그들이 세워 놓은 계획과 앞날에 대한 희망을 부러워하면서 그 모든 것을 빼앗아 버리고 싶어 할 것이다. 새로운 것이라면 무조건 거부하고 옛것이라면 무조건 찬양하는 태도가 벌써 노년의 의미를 전혀 이해하지 못했다는 사실을 드러낸다(Guardini 91).

늙는다는 것은 우리 모두가 외적으로 부닥쳐야 하는 현상만은
아니다. 그보다 특별한 의미를 내포하고 있다. 이 의미를 깨달을
때만 우리는 늙음을 좋은 방법으로 받아들일 수 있다. 융은 인생
을 태양이 뜨고 지는 것에 비유한다.

> 오전의 의미는 개인의 성숙과 발전, 외부 세계에 개인이
> 설 자리를 굳건히 하고 자식을 낳는 일, 후손을 돌보는
> 일임이 분명하다(Jung, *Werke* 456).

그러나 인생의 오후를 그저 오전에 딸린 부속물에 지나지 않는
다고 여겨서는 안 된다. 태양이 자신을 비추기 위해 광선을 끌어
모으듯, 나이 든 사람도 자기 내면으로 들어가 자신에게 관심을
쏟고 내면의 보화를 발견해야 한다.

여러 민족에게 노인은 "신비와 율법의 수호자"(Jung, *Werke* 456)
다. 노인들은 민족 문화에 영향을 미친다. 자기 삶을 의식하며
산 사람, 삶의 그릇을 넘치도록 채운 사람만이 훌륭하게 늙을 수
있다. 젊어서 치열하게 살지 않은 사람은 늙어서도 참삶을 살지
못한다. 살아 내지 못한 것들이 너무 많이 남아 있기 때문이다.

> 그런 사람들은 채워지지 않은 많은 욕구를 지닌 채 노년
> 의 문턱에 이른다. 이런 불만족스러운 마음은 노인의 눈

길을 과거로 이끈다(Jung, *Werke* 457).

이런 사람의 생각과 말은 늘 과거만 맴돈다. 인색하고 과민하며 불평만 일삼고 젊음을 시샘한다.

> 심지어 영원히 젊음을 놓지 않으려 한다. 이는 참자아를 깨닫기를 거부하는 보잘것없는 대용물에 불과하다. 인생의 후반부도 전반부에서와 같은 원칙들에 따라 진행되어야 한다는 망상에 빠진 사람은 이런 잘못된 결과에 부닥친다(Jung, *Werke* 455).

융에 따르면 노년의 의미는 육체와 정신의 힘이 약해진다는 사실을 받아들이고 자신의 내면에 초점을 두는 데 있다. 인간의 풍요로움은 영혼에 있다. 노년은 자신의 내면을 들여다보고 거기서 소중한 기억과 내적 보화를 발견하라고 우리를 일깨운다. 이 보화는 많은 상징과 경험으로 표현된다.

작가 헤르만 헤세는 융의 심리치료법을 작품에 많이 반영했다. 헤세도 노년이 지닌 특별한 가치에 대해 이야기한다.

> 늙는다는 것이 쇠퇴와 소멸만 뜻하지는 않는다. 노년은 인생의 다른 시기와 마찬가지로 나름의 가치와 매력, 지

혜와 슬픔이 있다. 문화가 번성하던 시기에 사람들은 노
인을 존경했다. 그런데 오늘날에는 젊은이들이 이런 존
경을 받겠다고 나선다. 그렇다고 젊은이들을 괘씸하게
여기고 싶지는 않다. 하지만 노년이 아무 가치가 없다는
말은 곧이 듣지 않겠다(Hesse 54).

노년의 가치와 의미를 실생활에서 실현하려면, 헤세의 말대로
늙음과 그에 수반되는 모든 것을 받아들이고 수긍해야 한다.

수긍하지 않는다면, 자연의 요구를 온전히 받아들이지
않는다면 늙든 젊든 상관없이 삶의 가치와 의미를 상실
할 것이다. 그러면 우리는 삶을 속이게 된다(Hesse 69).

가톨릭 신학자 로마노 과르디니도 노년에 대해 깊게 성찰한 후
노년의 두 가지 의미를 받아들였다. 첫째, 노인은 인생의 맥락을
꿰뚫어 본다는 것이다.

노인이 되면, 인생에는 다양한 성향, 업적, 승리와 패배,
기쁨과 고통이 복잡하게 얽혀 '인생'이라 부르는 놀라운
짜임새가 생겨난다는 사실을 깨닫는다(Guardini 95).

노년에 삶의 신비를 꿰뚫어 보고 삶 전체에 비추어 자기 인생을 이해할 줄 아는 사람은 지혜로워진다. 그러므로 노년의 첫째 의미이자 첫째 과제는 지혜롭게 되는 일이다.

독일어 '지혜로운'(weise)은 '알다'(wissen)에서 왔다. '알다'는 '보다'(schauen)와 관계 있다. 지혜로운 사람은 깊이 볼 줄 안다. 우리 삶을 붙들어 주는 근원을 깊숙한 곳까지 볼 줄 안다. 삶의 모순들을 한 맥락에서 바라보는 일은 예수님이 십자가에서 하신 마지막 말씀 가운데 표현되어 있다. "다 이루어졌다(완성되었다/온전하게 되었다)"(요한 19,30). 삶의 마지막 순간에 다 부서진 파편 더미 앞에 서 있게 될까 봐 불안해하는 사람이 많다. 자신의 깨져 버린 실존을 두려워하는 것이다. 예수님은 자신이 살아 내셨던 모든 것을 십자가에서 완성하신다. 그의 죽음은 파멸이 아니다. 그를 형성한 모든 것의 총체다. 그의 죽음은 사랑의 완성이다. 그렇다. 사랑이 결국 깨지기 쉬운 우리의 실존을 이어 주고 미완의 삶을 완성시킨다.

노년의 둘째 의미는, 노인은 영원과 특별하게 가까워진다는 것이다. 영원에 비추어 볼 때, 다시 말해 하느님과 그분의 나라에 비추어 볼 때 모든 현세적인 것은 하찮아진다.

당면한 삶의 사물들과 사건들은 그 긴박성을 잃는다. 사고의 폭과 마음의 감각 능력을 빼앗는 난폭함은 사라진

다. 중요하게 여기던 일들이 사소해지고, 그전에 사소하
게 여기던 일들이 이제 진지해지면서 빛을 더해 간다
(Guardini 97).

과르디니가 이해한 영원과의 친밀함은 죽음과 친해지는 것일 뿐
아니라 변하지 않고 모든 변화를 견뎌 내는 영원을 향해 삶을 열
수 있는 능력이기도 하다.

　과르디니는 훌륭하게 늙는 것이 개인에게만 달려 있는 것은
아니라고 본다. 개인이 늙음을 받아들이고 늙음의 의미를 이해
하는 것과 더불어 사회의 역할과 사회의 시각도 중요하다. 사회
는 노인들을 고려해야 한다. 많은 사람이 걱정과 비난에 찬 어조
로만 고령화 사회를 이야기한다면 노인은 자신의 늙어 감을 받
아들이고 그 안에서 자기만의 의미를 찾는 데 큰 어려움을 겪을
것이다.

　　잘 늙을 수 있느냐는, 늙어 가는 사람이 전체 관계에서
　　어떤 의미가 있는지, 사회적·문화적 관계에서 충분히
　　이해받는지 여부에 크게 달려 있다(Guardini 99).

과르디니는 젊은이의 삶만 가치 있다고 여기는 유아적 사고를
조심하라고 경고한다. 이런 사고 안에서 노인은 폐물 취급을 받

는다. 그런 상황에서는 노인의 지혜가 자랄 수 없다. 의학의 힘을 빌려 생명을 연장해 주는 일만 노인에게 도움이 되는 것은 아니다. 그보다도 노년이 지닌 가치와 의미를 새롭게 발견해야 한다. 그래야 노인들이 우리 사회를 위한 축복이 된다.

오늘날 대중매체에서 벌어지는 토론을 보면 노인 인구 증가로 인해 사회가 짊어져야 할 재정적·심리적 부담만 언급될 뿐 늙음이 지닌 의미에 대해서는 관심을 두지 않는다. 그러나 늙음이라는 주제에 대해 긍정적 자세로 토론하는 것은 어떻게 하면 우리 모두의 삶이, 나중에 늙어 버린 후가 아니라 바로 지금 여기서 제대로 성취될 수 있는지 보여 줄 것이다.

성경은 노년과 노년의 지혜가 지닌 가치를 소중히 여긴다. 루카 복음서는 노년의 의미와 중요성을 보여 준다. 루카는 복음서 초반에 네 노인을 묘사한다. 이 네 인물에게서 노년의 의미가 빛을 발하고 있다. 이들은 거룩함과 특별히 가까웠다. 그들은 인간 안에서 일어나는 하느님의 역사役事를 알아차리는 능력이 있었다. 그들은 무엇이 진정으로 우리를 도와주고 구원하는지도 가르쳐 준다. 그들은 예수 그리스도의 신비를 깨달으며 그의 첫 증인이 된다. 그들은 어떻게 하면 우리 삶을 성취할 수 있는지 보여 준다.

우선 즈카르야와 엘리사벳이 나온다. 즈카르야는 자신이 늙었고 아내도 나이가 많다고 말한다. 그런데 천사가 즈카르야에게 나타나 자식을 얻게 될 것을 약속하면서 즈카르야와 아내 엘리사벳의 삶이 열매 맺게 될 것이라고 말한다. 그러나 열매 맺기 위해서는 위기를 통과해야 한다고 덧붙인다. 처음에 즈카르야는 천사의 예언을 믿지 않아서 벙어리가 된다. 노년에 어떤 새로운 것이 터져 나오려면 말 못하고 지내야 하는 시기가 필요한 법이다. 그래야 하느님은 노인에게 역사하시며 그의 삶을 변화시키신다. 노인은 침묵하면서 하느님이 자신의 노년에 거두리라 약속하신 열매를 믿는 법을 배워야 한다.

즈카르야와 엘리사벳은 친구와 친척들 앞에서 하느님이 자신들에게 자비를 베푸셨다는 사실을 증거했다. 그리고 즈카르야는 성령으로 가득 찼다. 그는 자신의 노년에 선사된 열매를 해석할 뿐 아니라 하느님이 당신 백성에게 자비를 베풀고 구원하실 것을 예언한다. 늙은 즈카르야는 아름다운 노래를 우리에게 선사했다. 그리스도교는 이 노래를 아침기도에 반영했다. 즈카르야는 다른 사람들보다 더 깊이 볼 줄 알았다. 그는 자기 부부에게 일어난 일을 통해 하느님이 역사하심을 알아차렸다. 하느님의 이 역사는 즈카르야뿐 아니라 백성 전체에게 해당된다. 즈카르야는 하느님을 찬양한다. "그분께서는 당신 백성을 찾아와 속량하신다"(루카 1,68). 늙은 즈카르야는 예수님이 태어나기 전에 이미 하느님이 이 아기를 통해 인간을 위해 행하실 일을 본다.

우리 하느님의 크신 자비로, 높은 곳에서 별이 우리를 찾
아오시어, 어둠과 죽음의 그늘에 앉아 있는 이들을 비추
시고, 우리 발을 평화의 길로 이끌어 주실 것이다(루카
1,78-79).

루카는 예수님의 어린 시절 이야기를 즈카르야와 엘리사벳에 대
한 이야기로 시작해 다른 두 노인, 시메온과 한나에 대한 이야기
로 마감한다. 루카는 이 둘을 통해 노인의 뛰어난 특성인 지혜를
묘사한다. 시메온과 한나는 구약성경이 말한 지혜로운 노인을 보
여 준다. "백발에 지혜가 있고 장수에 슬기가 깃든다"(욥 12,12).
이 지혜로운 두 노인은 예수 그리스도의 신비를 깨닫는다. 그들
은 깊이 볼 줄 알며 자기들이 본 것을 백성 앞에서 고백한다. 그
들은 예수 그리스도에 대한 복음을 맨 처음 선포하는 사람이 되
었다. 목자들에게는 천사가 나타나 예수님의 탄생을 선포했다.
목자들은 천사의 말을 따라 베들레헴으로 가서 그곳에서 일어난
일을 목격했다. 그들은 아기 예수님의 부모에게 천사가 아기에
대해 한 말을 전했다. 그러고는 하느님을 찬양하며 돌아갔다. 그
들과 달리 시메온과 한나에게는 백성에게 예수님에 대해 말하고
그분 본질의 신비를 증거할 과제가 주어졌다.
　　우선 나이가 아주 많은 시메온에 대해 살펴보자. 루카는 시메
온에 대해 "이 사람은 의롭고 독실하며 이스라엘이 위로받을 때

를 기다리는 이였는데, 성령께서 그 위에 머물러 계셨다"(루카 2,25)라고 쓴다. 그는 빼어난 성품 네 가지를 지닌 사람이었다. 첫째, 그는 의로운 사람이었다. 그는 자신과 자신의 본질에 맞게 행동하며 다른 사람들에게도 의롭게 처신하는 사람이었다. 둘째, 그는 독실한 사람이었다. 그는 하느님을 진지하게 받아들이며 그의 전 존재를 하느님과 연결시키며 산 사람이었다. 셋째, 그는 이스라엘의 구원을 기다리고 있었다. 루카는 '구원'을 그리스어로 '위로'라고 표현했다. 시메온은 이스라엘이 위로받을 때를 기다렸다. 이스라엘이 위로받을 때를 기다리는 사람은 두려움 없이 늙어 갈 수 있다. 그는 예수님에게서 이스라엘의 위로를 보았다. 늙고 지혜로운 시메온은 아기 예수님을 안았을 때 예수님에게서 인간을 밝히는 빛과 예수님을 통해 백성에게 다가올 구원을 보았다. 넷째, 성령이 시메온 위에 머물러 계셨다. 그는 지혜로울 뿐 아니라 하느님의 거룩한 영으로 가득 차 있었다. 성령이 그로 하여금 아기 예수님이 바로 하느님이 세상에 보내신 빛임을, 백성을 자유롭게 할 구원자임을 알아보도록 해 주셨다.

우리 가운데서 빛나고 있는 빛을 바라보라고 말하는 일, 이것이 바로 노인들이 이루어야 할 가장 중요한 과제다. 노인들은 깊이 본다. 그들은 근원적인 것을 본다. 빛이 감춰져 있을 때도 빛을 볼 줄 안다. 시메온은 작은 아이에게서 빛을 보았다. 그는 이 아이 안에서 하느님이 역사하심을 보았다. 지혜로운 노인들은 삶을 이해한다. 그들은 관계 전체를 꿰뚫어 본다. 그들은 우리 삶의 깨어진 조각들 가운데서 흠 없고 온전한 것을 볼 줄 안다.

　시메온 옆에 한나가 있다. 한나는 여든네 살의 과부다. 루카에게 숫자는 상징적 의미가 있다. ‘넷’은 4원소(불, 물, 공기, 흙)를 상징한다. 한나는 4원소를 자기 안에 합일시킨 여자였으며, 땅 위에 굳건히 서서 현세적인 것을 진지하게 받아들였다. 현세적인 것 한가운데서 하느님을 향해 마음을 열었다. ‘여덟’은 초월성을 상징한다. 한나는 자기 안에서 하늘과 땅을 결합시킨다. 이 땅에 살면서 하늘을 보는 사람이다. 그녀는 일곱 해를 남편과 살았다. ‘일곱’은 변화를 상징한다. 남편에 대한 한나의 사랑은 그녀를 변화시켰다. 그녀는 사랑 자체였으며, 성전을 떠나지 않고 단식하고 기도하며 밤낮으로 하느님을 섬김으로써 이 사랑을 드러냈다. 한나는 티모테오에게 보낸 첫째 서간이 그리스도 공동체에게 제시한 과부의 이상형을 충족시킨 여자였다.

　　무의탁 과부 곧 의지할 데 없이 홀로 된 여자는 하느님께
　　희망을 걸고 밤낮으로 끊임없이 간구와 기도를 드립니다
　　(1티모 5,5).

과부는 자신만을 위해서가 아니라 공동체 전체를 대신하여, 특히 기도할 시간이 없는 사람들을 위해 기도한다. 한나는 온전히

하느님을 향해 마음을 열었다. 이런 태도 덕분에 한나는 아기 예수님의 신비를 해석하는 합당한 말을 찾을 수 있었다. 한나는 예언자였다. 그녀는 그녀만이 주제로 삼아 언급할 수 있는 하느님의 모습을 자신의 삶으로 표현했다. 한나는 구원을 기다리는 사람들에게 어떻게 하면 강박과 속박에서 자유로워질 수 있는지, 어떻게 하면 삶이 성취될 수 있는지 말했다.

지혜로운 이 두 노인은 예수님의 신비를, 예수님 안에서 하느님이 역사하심을 간파했다. 두 노인은 감사하는 마음으로 자기들의 삶을 뒤돌아본다. 늙은 시메온은 우리에게 아름다운 노래를 선사했다. 교회는 이 노래로 저녁기도를 끝맺는다.

> 주님, 이제야 말씀하신 대로, 당신 종을 평화로이 떠나게
> 해 주셨습니다. 제 눈이 당신의 구원을 본 것입니다. 이
> 는 당신께서 모든 민족들 앞에서 마련하신 것으로, 다른
> 민족들에게는 계시의 빛이며, 당신 백성 이스라엘에게는
> 영광입니다(루카 2,29-32).

이제 시메온은 자기 삶에 만족한다. 죽을 준비가 되었다. 자신의 깨진 조각과 함께 그의 삶을 완성하는 구원을 보았기 때문이다. 자기 안에 있던 이교도적인 부분, 낯설고 알려지지 않은 부분을 밝혀 주며, 자기 머리 위에 있는 하느님의 광채를 빛나게 해 주

는 빛을 보았다. 이제 그는 삶에서 물러설 수 있다. 사람들을 밝혀 주는 빛을 자기 삶으로 증거했기 때문이다. 그는 자기에게 주어진 과제를 이행했다. 삶의 흔적을 이 세상 안에 깊이 새겨 넣었다. 이 흔적은 궁극적으로 빛과 사랑의 흔적이다.

그러나 시메온이 그저 자신과 평화롭게 지냈기 때문에 삶에서 기꺼이 물러날 수 있는 것은 아니다. 그는 미래를 바라보고 예수님에 대해 이야기한다. 그는 예수님이 반대받는 표징이 되도록 정해졌다고 예견한다. 마리아에게 닥칠 일도 알고 있다: "당신의 영혼이 칼에 꿰찔리는 가운데 …"(루카 2,35). 시메온은 '구원된 세상'을 보여 주지 않는다. 그저 다가올 일을 본다. 기회뿐 아니라 위기도 오고 있음을 본다. 그는 삶이 저절로 성취되지 않음을 보여 준다. 우리는 삶을 택하겠다고 결단을 내려야 한다. 다른 사람들 때문에, 예상하지 못한 일과 운명 때문에 우리 인생길은 늘 어긋나곤 한다. 그러면 고통스럽다. 그러나 바로 그렇게 구원이 일어난다. 바로 그렇게 우리는 구원되고 온전해진다.

루카는 시메온과 한나를 통해 사람들에게 축복이 된 지혜로운 두 노인을 묘사한다. 그들은 중요한 과제를 안고 있다. 이 둘은 사람들에게 구원과 빛으로 난 길을 알려 준다. 사람들의 모범이 되며 어떻게 하면 삶을 성취할 수 있는지 보여 준다. 시메온이 예수님의 부모와 아기 예수님을 축복하는 것을 보면, 다른 사람들에게 축복이 되는 일에 노년의 의미가 있음을 알 수 있다. 지혜로운 노인들에게서는 사람들을 위한 축복이 흘러나온다. 그들의 현존은 우리 삶을 축복하시며 다양한 형태로 풍성한 수확을 거두게 하시는 하느님에게로 우리 눈길을 향하게 한다.

문제는 노년에 사람들을 위한 축복이 되게 하는 이 지혜에 어떻게 도달할 수 있느냐 하는 것이다. 우리는 지혜로운 노인들뿐 아니라 불평과 한탄을 일삼는 노인도 많이 본다. 그들은 다른 사람에게 횡포 부리는 일을 유일한 존재 이유로 삼는다.

지혜롭고 평화로워져서 다른 이들에게 축복이 되려면 어떻게 살아야 할까? '지혜로운'(sapiens)을 뜻하는 라틴어는 '맛을 아는'(sapere)이라는 단어에서 왔다. 자신을 음미하기 좋아하는 사람, 그리하여 자기가 만난 사람에게 좋은 맛을 남기는 사람이 지혜로운 사람이다. 이런 사람은 자신의 삶에 만족하며 자신과 화합하여 산다. 이런 사람에게서는 평화와 자유, 평정심과 즐거움의 '맛'이 흘러나온다.

이제 이런 지혜에 도달할 수 있는 방법을 서술하고자 한다. 자주 성경 말씀을 언급할 것이다. 나이 드는 기술을 익히면서 끝까지 견뎌야 할 어려운 부분들도 지적할 것이다. 나이 듦의 궁극 목표인 하느님 안에서의 완전한 죽음에 대해서도 서술하겠다.

2장 자신을 받아들이기

자신을 조건 없이 받아들이고 긍정하는 사람만이 자신과 자기 삶의 맛을 발견할 수 있다. 평생 동안 손해만 봤고, 너무나 많은 고통을 겪었다고 한탄하는 노인이 많다. 이들은 남을 탓하고 비난하는 데서 벗어나지 못한다. 아무도 자기를 주목하지 않고 자기는 아무 가치도 없는 존재라는 생각을 떨쳐 버릴 수 없다. 이런 사람들 내면에는 삶을 제대로 살아 내지 못한 미련이 너무 많아서 자신과 자기 삶 전부를 받아들이지 못한다. 그래서 늙어 간다는 사실을 받아들일 마음의 준비가 되어 있지 않다. 늙었는데도 젊었을 때처럼 중심에 서고 싶어 한다.

한 퇴직 교수는 강연이나 라디오 프로그램에서 더는 자신을 초청하지 않는다는 것이 얼마나 견디기 힘든지 모른다고 하소연

했다. 사람들이 모두 자기를 잊어버린 것 같다고 말했다. 세상에 하고 싶은 중요한 말이 아직 많고, 특히 자신의 풍부한 경험을 바탕으로 본질적인 것들을 가르칠 수 있다고 굳게 믿고 있는데 아무도 자기 말을 들으려 하지 않는다고 한탄했다. 마음이 아프다는 말도 덧붙였다.

사람들이 더는 노인의 의견을 묻지 않는다는 사실을 받아들이기란 쉽지 않다. 이제 늙어 가면서 새로운 것에 관심을 두거나 남들이 내 의견을 묻지 않아도 나 자신과 평화롭게 사는 방법을 숙고하는 일은 쉽지 않다. 구약성경은 시편 71장에서 한 노인의 기도를 전하고 있다. 이 기도는 어떻게 하면 자기 자신을 받아들일 수 있는지 보여 준다(Füglister 74 참조). 이 기도를 바치는 노인은 평생 동안 겪은 부정적 일들을 외면하지 않고 직시한다. 그는 "당신께서는 저에게 많은 곤경과 불행을 겪게 하셨지만 …"(시편 71,20)이라고 기도한다. 그를 헐뜯고 목숨을 노리는 원수에 대해 언급한다. 원수들은 "하느님이 그자를 버리셨다. 구해 줄 사람은 없으니 … 너희는 쫓아가 붙잡아라"(시편 71,11) 하고 말한다. 그의 삶은 무의미하다. 그러나 이 기도하는 노인은 부정적 경험에 맞서 하느님에게 굳게 의지한다.

주 하느님, 당신만이 저의 희망이시고, 제 어릴 때부터
저의 신뢰이십니다. 저는 태중에서부터 당신께 의지해

왔고, 제 어머니 배 속에서부터 당신은 저의 보호자시니,
저의 찬양이 언제나 당신께 향합니다(시편 71,5-6).

기도하는 사람은 자신의 삶을 생각한다. 그러면서 자신이 맺고 있던 적대 관계나 실패에만 머물러 있지 않는다. 그가 겪었던 상처에만 붙잡혀 있지 않는다. 그는 이 모든 일을 겪으면서 하느님을 신뢰했다. 하느님이 도와주신다는 확신은 마음의 평화를 가져다주었다. 그는 자신의 삶에 저항하고 자기 운명을 한탄하지 않고 항상 하느님을 찬양한다. 자기 삶이 좋았다고 말한다. 그에게 산다는 것은 찬양하는 것이다. 미국 작가 싱클레어 루이스는 "찬양은 귀로 들을 수 있는 건강이다"라고 말했다. 찬양은 자신과 자신의 삶을 받아들이는 가장 훌륭한 방법임이 분명하다.

베네딕도회 수도자이자 구약성경학자인 노트커 퓌글리스터는 눈앞에 닥친 죽음과 찬양의 관계에 대해 말한다. 일상에서 별 뜻 없이 사용하는 '세상을 떠나다'(das Zeitliche segnen. 직역하면 '현세를 축복하다'라는 뜻이다 – 역주)라는 표현은 찬양과 관련될 때 전혀 새로운 의미를 띤다. 그는 오스트리아의 언론인 프리드리히 헤어의 말을 인용한다.

세상을 떠나다(das Zeitliche segnen). 사는 동안 지금 이 세상을 축복한 사람만이 잘 죽을 수 있다. 그리하지 못한

다면 죽음에 대한 엄청난 공포와 사랑받지 못했던 삶이
갑자기 너무도 무겁고 어두운 압박으로 우리 앞에 나타
난다(Füglister 74 참조).

죽음 앞에서 하느님을 찬양할 수 있는 사람은 현세를 축복한다.
과거에 있었고 지금 있는 것들에 대해 좋게 말한다. 자신이 축복
했던 현세의 것을 손에서 놓으며 하느님의 초월성에 자신을 내
맡길 수 있다.

자신을 정말 받아들였는가는 노년에 더욱 분명하게 드러난다.
어떤 사람들은 성공을 거두고, 남들이 자신을 필요로 하고 사랑
과 관심을 보일 때만 자기를 받아들인다. 그러다 아무도 자신에
게 관심을 두지 않으면 몹시 애석해하고 한탄하기 시작한다. 그
들은 자신을 받아들이지 않았다. 그들은 자신의 실존을 남들의
인정이라는 토대 위에 세웠으며 인정받을 때만 가치 있는 사람
이라고 믿으며 살았다.

우리 삶을 튼튼한 토대 위에 세울 때만, 즉 궁극적으로 하느님
이라는 토대 위에 세울 때만 노년에 자신을 받아들일 수 있다.
시편 71장의 기도하는 사람은 자신의 삶을 하느님의 빛 안에 비
추어 봄으로써 자신을 받아들인다. 노인들은 '색안경'을 끼고 자
기 인생을 되돌아보기 일쑤다. 그들은 살면서 받지 못했던 것이
나 지금 받지 못하는 것만 본다. 자신을 받아들이지 못하는 이유

는 삶을 정말로 살지 않았기 때문이다. 그들은 늘 어떤 망상에 빠졌을 뿐 자기 삶의 실재, 전全 실재를 무조건 긍정하지 않았다. 그렇게 그들은 자신의 삶을 놓치고 말았다. 노년에 들어서야 그들은 자신이 한 번도 정말 산 것이 아니라 늘 허상만 좇았다는 사실을 뼈아프게 깨닫는다.

이와는 달리 시편 71장의 기도하는 사람은 자신의 과거뿐 아니라 현재도 온전히 받아들인다. "하느님, 당신께서는 제 어릴 때부터 저를 가르쳐 오셨고, 저는 이제껏 당신의 기적들을 전하여 왔습니다"(시편 71,17). 그는 하느님이 자신과 평생 동행하셨다는 사실을 분명히 알고 있었다. 그는 오늘도 하느님의 기적을 찬양한다. 그는 자신이 늙어 간다는 사실에 집착하지 않는다. 기력이 쇠하고 점점 쓸쓸해지며 삶의 흐름에서 단절되었다는 것에만 집중하지 않는다. 그는 오늘도 하느님의 기적을 본다. 하느님이 그에게 일으기시는 일을 보고 이야기힌다. 매일 아침 잠자리에서 일어날 수 있다는 것, 보고 듣고 냄새 맡으며 사람과 사물을 다정한 손길로 어루만질 수 있다는 것은 기적이다. 그에게는 하느님이 당신의 창조 세계에서 행하시는 기적들, 마음을 사로잡는 음악이나 훌륭한 그림 같은 인류 문화의 기적들을 보는 눈이 있다. 그는 늙어 간다는 사실을 애써 외면하지 않는다. 앞으로 닥칠 일을 두려워하지도 않는다. 그는 기도한다. "늙어 백발이 될 때까지, 하느님, 저를 버리지 마소서"(시편 71,18).

앞날을 두려워하는 노인이 많다. 의지할 데 없는 처지가 되거나 병구완을 받아야 할 때 돌봐 줄 사람이 없을까 봐 두려워한다. 가족들이 자신을 양로원에 떠밀어 버리지 않을까 걱정한다. 배우자가 자기보다 먼저 세상을 떠나면 혼자서는 도저히 못 살 것 같다. 시편 71장의 기도하는 사람은 앞날을 외면하지 않고 직시한다. 그는 앞날을 받아들일 수 있다. 다른 안경을 끼고 앞날을 바라보기 때문이다. 그는 굳게 믿는다. "당신께서는 … 저를 다시 살리셨습니다. 땅속 깊은 물에서 저를 다시 끌어 올리셨습니다"(시편 71,20). 이는 모순되는 청원이다. 기도하는 사람은 자기가 약해지고 있음을, 기력이 떨어지고 병들고 노쇠하고 있음을 느낀다. 그럼에도 하느님이 자신을 다시 살리실 것을 굳게 믿는다. 그렇다면 이는 육체적 힘에 묶여 있지 않은 삶이다. 그가 믿고 하느님에게 청하는 것은 영적 삶이다. 가끔 땅속 깊은 물을 만나게 될 것이다. 우울증이라는 어둠, 자기 의지대로 살지 못하고, 자기 뜻대로 삶을 꾸려 갈 수 없으리라는 두려움이 생길 것이다. 그러나 그는 하느님이 땅속 깊은 물에서 자신을 끌어 올리실 것이며 우울증의 어두운 나락에서 해방시키시고 약함 가운데 강함을 선사하실 것을 믿는다.

늙고 병든 삶 가운데서도 우리 안에 다른 삶이 자라고 있다는 믿음을 성경은 거듭 묘사한다. 바오로 사도는 온갖 곤경 속에도 이렇게 말할 수 있었다.

우리는 낙심하지 않습니다. 우리의 외적 인간은 쇠퇴해
가더라도 우리의 내적 인간은 나날이 새로워집니다(2코
린 4,16).

이 믿음으로 살 때만 병과 육체적으로 쇠약해지는 것을 두려워
하지 않게 된다.

예언자 이사야는 늙어도 활력을 잃지 않고 자신의 삶을 받아
들일 새로운 힘을 하느님에게서 끊임없이 받을 것이라 믿었다.

젊은이들도 피곤하여 지치고, 청년들도 비틀거리기 마련
이지만, 주님께 바라는 이들은 새 힘을 얻고, 독수리처럼
날개 치며 올라간다. 그들은 뛰어도 지칠 줄 모르고, 걸
어도 피곤한 줄 모른다(이사 40,30-31).

노인들은 하느님에게 희망을 걸기 때문에 젊다.

미래가 있는 사람은 젊다. 일흔 살, 여든 살, 아흔 살이라
고 해도 영원을 앞에 둔 사람은 젊다(Füglister 78).

성경은 어떻게 하면 훌륭하게 늙을 수 있는지 가르친다. 하시디
즘이 늙음에 대한 성경의 가르침을 해석한 것을 보면 경탄하지

않을 수 없다. 마르틴 부버는 「늙음」이라는 제목의 하시디즘 이야기를 전해 준다. 이 이야기는 시편 71장 9절과 관련 있다.

> 어떤 악사가 라삐 하노흐 앞에서 노래 한 곡을 연주했다. 그러자 라삐가 말했다. "멜로디도 오래되면 맛을 잃습니다. 예전에 라삐 부난 앞에서 연주했을 때 이 멜로디는 우리 마음을 복돋아 주었지만, 지금은 그 맛을 잃었습니다." 참으로 그렇다. 우리는 노년을 대비해 마음을 단단히 무장하고 잘 준비해야 한다. 우리는 "저를 버리지 마소서, 다 늙어 버린 이때에"라고 기도한다. 늙으면 맛을 잃기 때문이다. 그러나 바로 이것이 좋은 점이기도 하다. 내가 그 많은 일을 했음에도 지금은 쓸모없는 존재라는 사실을 깨달을 때 새롭게 시작할 수 있기 때문이다. 우리는 하느님을 "날마다 당신께서 창조하신 세계를 새롭게 하시는 분"이라고 부르지 않는가(Buber 842).

잘 늙는 건 저절로 이루어지지 않는다. 지금껏 우리가 노래하고 말하고 행한 것이 그 맛을 잃는다는 사실을 받아들여야 한다. 그러나 바로 여기에 기회가 있다. 우리가 많은 일을 해 냈음에도 이제는 아무것도 아닌 존재, 예수님의 표현대로 "쓸모없는 종"임을 깨닫는다. "해야 할 일을 하였을 뿐입니다"(루카 17,10). 과거에 이룬 업적을 자랑만 하고 있을 수는 없다. 노년이 되어 과거에 행한 일을 내세우며 두 손 놓고 쉴 수만은 없다. 우리는 새롭게 자신에게 집중해야 한다. 하느님도 늘 새롭게 창조하시는 분이다. 노년에도 우리는 자신에게 집중하고 삶을 새로운 토대 위에 세우겠다는 마음의 준비를 해야 한다. 그래야 잘 늙을 수 있다. 부버는 앞에서 언급한 하시디즘의 이야기를 이렇게 해석한다. "새로 시작함이 무엇을 뜻하는지 잊어버리지 않는다면 늙는다는 것은 굉장한 일이다"(Schipperges 91 참조). 지금까지의 삶이 맛을 잃었기 때문에 거듭 새로 시작하지 않으면 안 된다. 바로 그렇게 새로 시작하기 때문에 활기 있게 산다. 늙는다는 것이 어떤 영적 도전을 제시하는가에 대해 강연한 적이 있다. 강연에서 자신을 받아들이지 못하고 자신에 대해 만족하지 못하는 노인을 어떻게 도와줄 수 있는가라는 질문을 받았다. 젊은 사람이 노인을 가르치려 들 수는 없다. 젊은 사람은 노인의 이야기를 경청함으로써 얼마든지 그를 도울 수 있다. 노인의 인생이 불행뿐이었다는 말을 자주 듣게 될 것이다. 행복한 인생을 보냈다고 회상하면서도 지금은 불만족스럽다고 말하는 노인도 있다. 옛날에는 모든 게 아름다웠으나 지금은 다 깨져 버렸다고 한다. 배우자는 먼저 세상을 떠났고 자신도 자꾸만 병에 시달린다. 4개 국어를 능숙하게 구사했는데 뇌출혈로 이제는 말하기도 힘겨운 노인이 말했다. "사는 게 아름답지 않으니, 더는 살고 싶지 않소."

힘겨운 상황에 처한 노인에게 이런 한탄을 듣고 나서 어떤 의미 있는 대답을 해 주기란 쉽지 않다. 우선 노인의 고통과 그의 고독한 삶을 받아들여야 한다. 그리고 나서 이 새로운 상황에 어떻게 대처할지 그와 함께 의논할 수 있다. 잘 늙으려면 슬픔과 비통의 과정을 거쳐야 한다. 빼앗긴 모든 것에 대해 일단 슬퍼한다. 그렇게 한 후에야 내 안에서 새로운 것을 발견할 수 있다.

그러한 찾는 과정에 있는 노인의 동행자로서 그 고통을 '경건한 반창고'로 '봉해' 버려서는 안 된다. 먼저 그의 고통을 이해하고 받아들이려고 노력한다. 그런 다음 노인이 자신의 삶과 화해하도록 조심스럽게 이끌 수 있다. 과거를 없었던 일로 할 수는 없다. 그러나 과거에 대해 어떤 자세를 취할 것인가를 결정하는 일은 그의 몫이다. 인생을 돌아보고 회한에 빠질 수도 있지만 지난 인생과 화해할 수도 있다. 잃은 것이나 이루지 못한 것에 집착할 수도 있지만 자신의 체험과 자신에게 베풀어진 것에 감사하며 기억할 수도 있다.

감사하며 되돌아보는 것은 모두 우리에게 남게 되고, 아무것도 없어 보이는 지금 이 순간에도 그것은 빼앗기지 않는다. 감사하며 지난 삶을 돌이켜 보고 우리 삶과 화해한다면 아무리 무력하고 약하다 해도 주위 사람들을 위한 축복이 될 것이다. 그런 자세를 통해, 이루지 못한 욕망과 운명의 시련에도 삶이 성취될 수 있고 '온전할' 수 있다는 사실을 사람들에게 보여 준다. 늙어

서 자신과 그리고 자신의 지난 삶과 화해하기란 쉽지 않다. 프리
드리히 프라이헤어 폰 가거른은 늙어 가면서 자기가 겪은 체험
을 묘사한다.

> 늙을수록 내가 해 내지 못한 모든 것이 나를 점점 더 무
> 겁게 짓누른다. 실패했던 일, 태만과 완악한 마음 혹은
> 권력욕과 이기주의 때문에 포기했던 일들이 마음을 무겁
> 게 한다. 그러니 하느님을 믿으며 그분께 "주여, 저를 용
> 서하소서!"라고 겸허한 자세로 청할 수 있는 사람은 행
> 복하다(Gagern 12).

살아가면서 항상 연습해야 할 일들이 노년에는 새로운 형태로
요구된다. 자신을 받아들이되 성공한 나와 실패한 나를 다 받아
들여야 한다. 이제 우리가 꼭 받아들여야 할 세 가지를 언급하고
자 한다.

과거와 화해하기

노인들이 사사건건 트집 잡고 하느님과 이 세상에 대해 불만
을 토로하는 것을 볼 때마다 난 슬퍼진다. 살면서 손해만 봤다고
느끼는 노인이 많다. 그래서 과거만 맴돈다. 자신에게 상처 준
사람들, 자신을 괴롭힌 운명의 시련, 자신이 부닥친 어려운 일만

생각하며 거기서 벗어나지 못한다. "만약 그런 일이 없었더라면, 그 사람이 그렇게 행동하지 않았더라면 내 인생은 바뀌었을 텐데"라고 입버릇처럼 말한다. 이런 사람들은 과거를 되돌릴 수 없다는 사실을 인정하려 하지 않는다.

이들은 과거를 다른 자세로 대해야 한다. 과거는 되돌릴 수 없지만 과거를 대하는 자세는 바꿀 수 있다. 회한에 가득 찬 사람의 아픔을 남이 덜어 주기는 쉽지 않으며 실망한 사람에게 희망과 신뢰를 주는 일도 쉽지 않다. 그러나 노인이 지난 삶과 화해하지 못하는 한 결코 행복할 수 없다. 회한만 남은 사람에게 그래도 긍적적인 부분도 있지 않았냐고, 행복한 자식들을 두지 않았냐고, 그가 이룬 업적은 얼마나 많은지 일깨워 주는 건 아무 의미가 없다.

> 그런 위로는 노인의 자책감과 자신이 실패했다는 느낌을 부채질할 뿐이다. 유일한 희망은 간단한 사실에 있다. 노인의 말을 경청하는 사람, 삶의 적나라한 현실을 직시할 용기가 있는 사람이 노인의 회한을 피해 도망가지 않고 그 곁에 앉아 말 한마디, 몸짓, 미소, 우정 어린 침묵으로 넌지시 타이르는 것이다. "알고 있어요. 당신은 한 생을 살았고 그 삶을 돌이킬 수는 없지요. 하지만 제가 당신 곁에서 당신과 함께 느끼고 있어요"(Nouwen, *Zeit* 82).

과거와 화해하고자 할 때 무엇이 우리를 도울 수 있을까? 고통이 다가오는 것을 억누르지 말고 그대로 두어야 한다. 그렇다고 늘 고통에만 머물러서는 안 된다. 나를 부당하게 대하고 상처 준 사람들에 대한 분노가 올라오면 그 역시 억누르지 말아야 한다. 고통과 분노에서 머물지 않고 언젠가는 이렇게 말할 수 있어야 한다. "그래, 정말 많이 아팠어. 하지만 과거가 나를 손에 쥐고 휘두르도록 놔두고 싶지 않아. 어쨌든 그 모든 상처에도 살아남았잖아. 그 모든 것을 이겨 낸 걸 자랑스럽게 생각해도 괜찮아. 앞으로 어떻게 살고 싶은지 이제 결단을 내려야 해. 여생을 과거에 휘둘리도록 놔둘 것인가, 아니면 과거와 이별하고 현재에 전념할 것인가는 내 결단에 달려 있어. 과거는 내가 허락하는 만큼의 힘을 가지고 나를 휘두를 수 있을 뿐이야. 사람들이 내게 상처를 주었어. 하지만 여전히 그들에게 나를 휘두를 힘을 주어서 내 인생을 송두리째 망가뜨리게 할 것인가 말 것인가는 내 결단에 달려 있어. 이 결단은 내게 상처 준 사람들의 몫이 아니야. 내가 지금 어떻게 살고 싶은가는 내가 책임질 일이야."

신심 깊은 사람들은 삶을 한탄하면서 하느님을 비난하기에 이른다: 그렇게 많이 기도했지만 소용 없었다, 신앙생활을 열심히 했는데 삶은 내게 너무 많은 시련을 주었다, 내 아이가 그렇게 어린 나이에 세상을 떠났다, 주일마다 성당에 갔는데도 배우자를 벌써 데려가셨다, 그러니 모든 게 아무 의미가 없다.

이런 비난들을 이해할 수 있다. 그러나 비난이 끝나면 이렇게 자문해 보는 것이 어떨까. "나 자신과 하느님에 대해 내가 만들어 낸 상(像)을 고수하고 싶은가? 나 좋으라고 내가 지어낸 하느님 상에 그분이 부합하셔야 하는가? 전혀 다르고 가끔은 내가 전혀 이해할 수 없는 하느님에게 마음을 열고 그분에게 나를 온전히 바칠 준비가 되어 있는가?" 이런 물음을 자신에게 진지하게 던질 때 위로와 희망을 체험하게 된다. 노년에는 지금껏 가지고 있던 하느님상을 버리고 불가사의한 하느님에게 자신을 온전히 맡기라고 요청받는다. 동시에 그분의 불가사의함이 궁극적으로는 사랑임을 믿어도 된다.

과거를 되돌아보면 자책감이 들기 마련이다. 부모로서 자녀들에게 원하는 것을 다 해 주지 못했다는 자책감도 있다. 자녀들이 성당에 나가지 않는다고 자책하는 부모도 있다. 어떤 자녀들은 지금 자기가 삶을 제대로 꾸려 갈 능력이 없는 것은 부모 탓이라고 말하기도 한다. 그 부모들은 자책감에 몹시 괴로워한다. 무엇 하나 올바로 해 내지 못했다는 느낌이 든다. 하지만 그들은 자책감 때문에 삶의 모든 기쁨을 스스로 외면하고 있을 뿐이다.

과거에 참전했던 노병을 나는 여럿 알고 있다. 그들은 노년에 들어서야 자신들이 얼마나 큰 불행을 야기했는지 깨달았다. 그래서 자신을 책망하고 비난한다. 이들에게는 용서의 복음이 큰 치유의 힘이 된다. 하느님이 우리를 용서하셨다면(우리는 이 사실을 믿어도 된다) 우리도 자신을 용서해야 하고 용서해도 된다. 더이상 실패에만 머무르지 말아야 한다. 우리는 지난 삶 속에서 일어난 모든 일과 함께 우리 삶을 하느님의 자비로운 사랑 한가운데 바치면서 하느님이 우리의 이런 삶을 받아들이셨음을 신뢰해야 한다. 하느님의 자비를 희망하면서 우리도 자신을 자비롭게 대해야 하며 지금까지 스스로 비난했던 모든 것을 용서할 줄 알아야 한다.

자신의 한계 받아들이기

자신의 한계를 받아들이지 못하는 노인들을 자주 만난다. 그들은 젊은이들처럼 많은 일을 해야 한다고 생각한다. 일하다가 젊은이보다 쉽게 피곤해지면 커피를 들이마시며 피곤을 쫓아 버리려고 안간힘을 쓴다. 어떤 일을 빠른 시간 안에 처리할 수 없으면 더 오랜 시간 일에 매달려 손실을 메우려고 한다. 그러나 노인이 자신의 한계를 이겨 보겠다고 무리하면 할수록 주위 사람들은 그의 한계를 더 빨리 알아차린다. 어떤 나이 든 사람들은 스포츠에서 자기 한계를 뛰어넘으려고 한다. 남들과 똑같은 속도로, 남들과 똑같이 오래 달릴 수 있음을 증명해 보이고 싶어 한다. 젊은 시절 오르던 산을 다시 오르면서 실은 너무 무리한다는 사실을 인정하려 들지 않는다. 이렇게 무리하면 심장마비나 다른 건강상의 문제가 발생한다. 자신의 한계를 인정하는 겸허함이 필요하다. 이 한계 내에서는 스포츠, 도보 여행은 물론 일에서도 많은 것이 가능하다. 그러나 그 종류와 방식이 달라져야 한다. 모든 것을 단념하고 아무것도 하지 말라는 뜻이 아니다. 행동할 때 자신의 한계를 가늠할 줄 아는 능력을 키워야 한다. 우리가 점점 쇠약해진다는 사실도 이 한계 가운데 하나다. 몸이 어떤 특정한 일이나 많은 일을 할 수 없다는 신호를 보내고 있는데 최상의 성과를 내려고 무리하는 것은 아무 의미가 없다. 다리가 말을 듣지 않고 무릎에 통증이 오면 이를 받아들여야 한다. 어떤 운동을 할 수 있는지 한계를 긋고 쇠약해지고 있다는 사실을 인정하는 겸허함이 필요하다.

자신의 한계와 화해하기가 얼마나 어려운지 보여 주는 일화를 하나 소개하고자 한다. 심리치료사 에파 예기는 요헨이라는 노인의 이야기를 들려준다. 항상 정력적인 요헨은 스포츠광이었다. 정년퇴직을 하고는 장거리 등반 여행을 할 수 있게 되었다고 좋아했다. 그런데 그만 뇌졸중으로 휠체어 신세를 지게 되었다. 그는 "말수가 줄고 사람 만나기를 꺼리며 회한에 가득 찬"(Jaeggi 123) 사람이 되었다. 친구들과 만나려 하지도 않고, 그를 정성껏 돌보던 아내에게도 점점 더 무거운 짐이 되었다. 결국 아내도 더는 견딜 수 없는 지경에 이르렀다. 어느 날 요헨이, 사는 게 하나도 즐겁지 않다며, 뇌졸중으로 쓰러졌을 때 그 자리에서 죽어 버렸어야 했다고 한탄을 늘어놓자 아내가 소리쳤다. "당신 병 때문에 나도 감당할 수 없는 고통을 겪고 있어요. 그 고통도 견디기 힘든데 사람들과 멀어져 한탄만 늘어 가고 있으니, 이런 상태로 더는 살 수 없어요. 병은 어쩌지 못하더라도 난 당신의 고통을 함께 나눌 준비가 되어 있어요. 하지만 감당할 만큼만 견딜 거예요. 장애를 받아들이지 못하는 당신의 태도로 인해 늘어 가는 넋두리와 고립을 이제 견디고 싶지 않단 말이에요"(Jaeggi 124). 아내의 절규에 요헨은 정신이 번쩍 들었다. 그 후로는 아내와 함께 연극이나 영화를 보러 다니고 산골로 여행을 다녔다. "둘은 많은 대화를 하면서 수년 동안 한 번도 경험해 보지 못한 놀라운 일치감을 맛보았다. 그들은 요헨의 휠체어가 허락하는 한도 내에서 다채로운 일상을 꾸려 가기 위해 최선을 다했다"(Jaeggi 126). 요헨은 아내와 갈등을 겪으면서 자신의 한계를 받아들이게 되었고 장애인이면서도 충만한 삶을 살게 되었다.

노인이 자신의 한계를 받아늘이지 못하년 낭사사뿐 아니라 자녀들도 고통을 겪는다. 자녀들은 노부모에게 한계를 규정해 줄 엄두를 내지 못한다. 그들이 부모의 요구를 다 들어준다고 해서 부모를 돕는 건 아니다. 자녀들이 자신의 한계를 인지하고 부모에게 거리를 둘 때 부모도 자신의 한계를 깨닫게 된다. 노인들에게 자신의 한계를 인정할 능력이 있음을 믿고 그렇게 하도록 용기를 북돋아 주어야 한다. 그렇게 해야 노년에 성장할 수 있고 노년이 그들에게 요구하는 과제를 직시할 수 있다.

고독을 다루는 법 배우기

노년은 고독하기 마련이다. 친구들은 먼저 세상을 떠났고 젊은 사람들이 하는 활동적인 일에 참여할 수도 없다. 노인성 난청 때문에 사람들 가운데 있어도 외로움을 느끼는 사람이 많다.

우선 '혼자 있음'과 '고독'을 구별하자. 나는 혼자 있으면서 책을 읽거나 깊이 생각하고 명상하는 것을 좋아한다. 이와는 달리 고독은 어떤 '느낌'이다. 혼자 있는 걸 견디지 못하고 혼자 있으면 지루해서 '천장이 무너질 것 같다'고 느끼는 사람이 많다. '외톨이'라는 느낌도 든다. 사람들과의 교류가 단절되고 아무도 자기를 봐 주지 않는다. 고독과 곤경에 처해 있는데도 주위에 아무도 없다는 고약한 느낌이 든다.

헤르만 헤세는 고독을 받아들이는 일이 지혜로 가는 길이라 했다. 고독 앞에 서지 않으면 지혜로울 수 없다.

피할 수 없고 소리도 없는
모든 것에서 우리를 갈라놓는
이 어둠을 모르는 사람은
지혜로울 수 없다.

어두운 저녁에 거니는 이상함이여!
산다는 것은 외로운 것

누구도 다른 이를 알지 못하고

모두 다 혼자다.

– 「안개 속에서」

노년에 혼자 있음을 어떻게 받아들이느냐는 어린 시절 체험에
달려 있다.

> 어린 시절 신뢰와 희망을 배우기도 전에 너무 자주 오랫
> 동안 혼자 버려져 있었다면, 어른이 되어서도 고독을 어
> 릴 때처럼 아무 희망도 없고 무기력하게 체험한다. 어릴
> 때의 기억이 그의 내면에서 여전히 크게 작용하면서 그
> 의 의식에 너무도 뚜렷이 각인되어, 오랫동안 혼자 있으
> 면 두려움에 빠진다(Riemann 120).

어린아이가 혼자 있거나 혼자 노는 법을 배우지 않으면 성장하
고도 고독을 견디기 힘들어진다. 어릴 때 혼자서 아무것도 할 수
없었던 사람은 나이 들어서도 혼자 있으면 지루해한다. 상상의
날개를 펴는 법을 배우지 못한 탓이다. 그런 사람은 노년에도 늘
남이 자신을 위해 무슨 일을 계획하고 주선해 주기를 기대한다.
프리츠 리만은 건강한 아이는 때때로 혼자 있으며 혼자 놀고 싶
어 한다고 말한다.

어린 시절 언제든지 원하는 일을 기쁨과 사랑으로 행하
는 법을 충분히 익히고 내적 성장을 촉진하는 놀이의 기
쁨을 체험했다면, 무료함을 두려워할 필요가 없으며 혼
자 있는 것도 잘 견딜 수 있다. 혼자 있을 때마다 관심을
기울일 수 있는 어떤 일을 찾아낼 것이다(Riemann 125).

노년의 고독에 잘 대처하기 위해서는 평생 준비해야 한다. 독일
철학자 아르투르 쇼펜하우어는 젊은이들이 "고독을 다루는 법을
배워야 한다"고 주장한다. "고독은 행복과 평온의 원천이다"(Rie-
mann 122 참조). 오늘날 고독을 다루는 법을 배우지 못한 사람이
많다. 늘 고독을 피해 도망치기 때문이다.

우리는 자신을, 자신과의 만남을 피해 줄곧 도망치고 있
다. 에리히 프롬의 표현처럼, 그냥 존재하는 대신 늘 무
언가 소유하려 들기 때문이다(Riemann 123).

이런 점에서 자녀에게 부담을 주는 부모도 있다. 그들은 자녀가
자주 찾아오지 않는다고 한탄한다. 이런 부모는 자녀가 곁에 있
어야 살 수 있는 것 같다. 그들은 노년이 요구하는 내적 성장을
향해 발걸음을 내딛기를 거부하는 셈이다. 혼자 있는 법을 배우
는 일, 주위의 고요함을 느끼고 내면으로 향하는 일, 자신의 삶

과 진정한 가치를 결정짓는 것을 기억하는 일을 거부하는 것이
다. 자녀가 부모의 바람을 다 채워 준다고 좋은 건 아니다. 부모
가 혼자 있는 것을 견디도록 요구할 수 있어야 한다.

　혼자 있는 걸 잘 견디는 방법이 하나 있다. 세상과 사람들에게
기대하는 대신 내가 그들에게 관심을 기울이는 것이다. 이에 대
해 리만은 이렇게 썼다.

> 삶과 세상은 참으로 풍요롭다. 발견되기를 기다리는 온
> 갖 기적으로 가득 차 있다. 인간도 참으로 풍성하고 다양
> 한 재능을 타고 났다. 사람은 누구나 자신의 애정과 관심
> 을 쏟을 수 있는 사람이나 사물을 얼마든지 발견할 수 있
> 다. 사랑을 구체적으로 행할 수 있으며, 어떤 대상에 대
> 한 연구에 몰입할 수 있고, 창조적 예술 활동에 전념하거
> 나 자기에게 주어진 과제를 성취할 수 있다. 어떤 일에
> 기뻐하는 능력, 기쁨과 애정으로 어떤 일을 하고 또 사랑
> 하는 능력이 우리를 살게 해 준다(Riemann 125).

노년에 자신과 삶, 인간과 하느님에게 관심을 기울일 것인가 아
니면 그저 나태하게 자신 주위만 맴돌며 원하는 것을 얻지 못한
다는 이유로 불평만 일삼을 것인가, 이 두 가능성 가운데 하나를
선택하는 일이 결정적이다. 후자를 택한다면, 꼭 갖고 싶은 것을

얻지 못해 투덜거리며 화내는 어린아이 수준에 머물고 만다. 노년의 고독을 피해 달아나는 사람은 삶을 거부하고 삶이 노년에 요구하는, 내딛지 않으면 안 될 발걸음을 거부하는 사람이다. "어떤 대상에게 관심을 쏟고 거기에 긍적적으로 매달리려는 중대한 노력"(Riemann 127)에서 달아나는 셈이다.

내면으로 들어가 자신의 가장 내밀한 핵심과 만나는 사람만이 고독을 받아들일 수 있다. 그러면서 자신 안에서 쉬게 된다. 하느님 안에서 보호받고 있음을 느끼게 될 것이다. 우리는 결국 병이나 죽음이 초래할 고독에서 도망칠 수 없다. 고독을 본질을 향해 나아갈 좋은 기회로 여겨야 한다. 고독 속에서도 보호받으며 의지할 데가 있다고 느낄 수 있는 두 가지 방법을 소개한다.

> 자연은 우리가 그 품에 안길 때마다 보호받고 있다는 느낌을 준다. 삶의 모든 기적을 받아들이기 위해 자신을 투명하게 만든 사람, 피조물 가운데 사는 피조물임을 느끼면서 생성과 소멸, 탄생과 죽음, 성장과 성숙의 한가운데 놓인 존재로서 자신을 받아들이는 사람은 고독을 두려워할 필요가 없다. 오히려 그 반대다. 고독은 피조물의 실존으로 난 문을 열어 준다. 즉, 자아에 집착하는 좁은 한계를 넘어 살아 있는 모든 존재와의 연대성으로 나아가도록 도와준다(Riemann 129).

예전에 농촌에서 성장한 사람들은 자연에서 보호받는다고 느꼈
다. 나이가 들면 그들은 공원이나 집 앞 벤치에 앉아 모든 존재
와 하나 됨을 느꼈다. 그들에게 오락은 따로 필요 없었다. 자연
속에 있는 것만으로도 충분했다.

둘째는 우리를 지탱해 주시는 하느님에게 의지하는 것이다.
하느님은 어디서나 우리를 사랑과 치유의 손길로 감싸고 계신
다. 하느님은 우리 안에 계신다. 고독할 때 마음 저 깊은 곳으로
내려가면 거기서 하느님을 발견할 것이다. 우리가 거기서 발견
하는 하느님은 흔들리는 마음을 고요하게 하시는 분이며 모든
외적 부를 능가하는 내적 부다. 길을 찾는 모든 사람에게 열려
있는 심리학자인 프리츠 리만은 이 경험을 명확하게 표현했다.

> 내면을 향한, 자신의 깊은 곳을 향한 성찰이 우리를 도와
> 준다. 이 깊은 곳에서 우리는 하느님, 우주 실존의 근거,
> 신비로운 유일(존재)이라 부르는 분께 나아갈 수도 있다.
> 그러면 평온한 보호 가운데 죽음의 마지막 고독도 맞을
> 수 있다. 이것이 몰아沒我다. '구원'이 이 상태를 표현하
> 는 가장 적합한 단어다(Riemann 130).

신학자가 아닌 심리학자가 하느님과 구원에 대해 썼다는 사실이
흥미롭다. 리만은 우리가 늙어 죽음의 고독 앞에 설 때 우리 자

신의 영보다 더 큰 보호를 필요로 한다는 사실을 알고 있다. 이는 우리가 하느님 안에서 발견하는 보호다. 지금 우리를 사랑으로 감싸시는 하느님은 죽음에 이르러서도 우리를 맞아 주실 것이며 당신 사랑의 팔로 우리를 안아 주실 것이다. 이 확신은 고독을 진정한 신앙의 원천으로 여기고 견딜 수 있게 해 준다. 개신교 신학자 폴 틸리히는 "종교는 개인의 고독과 함께 시작된다"라고 했다. 따라서 고독을 대하는 자세에서 우리가 참으로 종교적인지 아니면 우리의 종교적 행위가 죽을 때 결국 견뎌 내야 할 홀로 있음을 회피하기 위한 시도에 불과했는지 드러난다.

신비주의는 우리 내면의 공간에, 하느님 안에 신비가 살고 있다고 말한다. 우리는 신비가 살고 있는 곳에서만 궁극적으로 고향을 찾을 수 있다. 고요한 내면의 공간과 접할 때 나 자신에게서 고향을 찾아 정착할 수 있다. 그때 고독은 변한다.

프리드리히 니체는 고독과, 고독의 위험을 극복하는 수단인 고향에 대해 잘 알고 있었다. 그는 "가슴을 가장 아프고 예리하게 찌르는 물음"을 자신에게 던졌다. "나는 어디에서 고향을 찾을 것인가?"(Schipperges 34 참조). 어디에서 고향을 찾을 것인가라는 물음은 노년에 새로운 형태로 제기된다. 니체는 「고독해지다」라는 시에서 "겨울에 떠돌아다니는 저주받은" 노인의 처지를 묘사한다. 첫 연은 이렇다.

까마귀들이 울부짖고
요란한 날갯짓을 하며 도시로 날아간다.
곧 눈이 내리리라.
지금 고향이 있는 사람은 행복하여라.

시의 마지막 행은, 대개 첫 연의 마지막 행을 반복하는데 다음과 같이 마무리된다.

고향 없는 사람은 불행하여라!

우리 삶이 성취되었는가 그렇지 않은가는 우리에게 고향이 있는가 그리고 어디에서 고향을 발견하느가라는 물음에서 결정된다. 하나 둘씩 세상을 떠나는 친구들에게서는 고향을 찾을 수 없다. 결국 하느님에게서, 하느님 안에서 고향을 찾아야 한다. 우리 내면의 공간, 고향에 돌아오도록 해 주는 신비가 살고 있는 우리 내면의 공간에서 고향을 찾아야 한다.

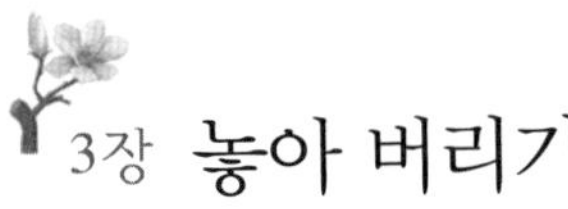

3장 놓아 버리기

'받아들이기' 다음에는 '놓아 버리기'를 배울 차례다. 노년은 놓아 버리는 걸 배우라고 요구한다. 과연 우리 인생은 놓아 버림의 연속이다. 어린 시절이나 젊은 시절을 붙잡고 있을 수 없는 것만 봐도 그렇다. 성장하고 새로워지려면 오래된 것을 끊임없이 놓아 버려야 한다.

나이가 들면 놓아 버리기가 점점 더 어려워지고 고통스러워진다. 지금껏 해 오던 일을 놓아야 하며 더는 직업으로 자신의 정체성을 규정할 수 없다. 끝에는 마지막 남은 기력마저 놓아야 한다. 전처럼 빨리 걷고 일하고 활동할 수 없다. 함께 살던 사람, 나를 받아 주던 사람이 하나 둘씩 떠난다. 젊은 시절에 놓는 연습을 부지런히 한 사람이 노년에도 그렇게 할 수 있다.

　　요한 복음서 마지막에는 예수님이 베드로에게 지금까지 그가
한 모든 일을 놓으라고 하는 장면이 나온다. 예수님이 베드로에
게 말씀하신다.

> 내가 진실로 진실로 너에게 말한다. 네가 젊었을 때에는
> 스스로 허리띠를 매고 원하는 곳으로 다녔다. 그러나 늙
> 어서는 네가 두 팔을 벌리면 다른 이들이 너에게 허리띠
> 를 매어 주고서, 네가 원하지 않는 곳으로 데려갈 것이다
> (요한 21,18).

베드로는 분명 매우 충동적인 사람이었다. 요한 복음은 이를 자
주 묘사했다. "너희도 떠나고 싶으냐?"(요한 6,67)라는 예수님의
물음에 베드로가 가장 먼저 대답했다. 예수님이 제자들의 발을
씻어 주셨을 때 이를 마다한 사람도 베드로였다. 예수님이 발을
씻어 주시지 않으면 안 될 이유를 들어 그를 설득하자 베드로는
곧 열광하며 말한다. "주님, 제 발만 아니라 손과 머리도 씻어 주
십시오"(요한 13,9). 이렇게 열정적인 베드로는 늙어서 자신의 의
지를 놓아야 한다. 그는 이제 자기가 원하는 일, 옳다고 깨달은
일을 자기 마음대로 할 수 없다. 이제 그는 두 팔을 벌리고 다른
이들이 자신에게 하는 대로 놓아두어야 한다. 다른 이들이 그에
게 허리띠를 매고 그가 원하지 않는 곳으로 데려갈 것이다.

죽음으로 끌려가고 싶은 사람은 없다. 그러나 노년에 궁극적으로 중요한 일은 삶에 대한 관념을 버리고 하느님이 우리에게 요구하시는 일, 즉 자신의 죽음에 마음을 여는 일이다. 죽음은 천천히 단계적으로 일어난다. 우선 우리의 의지를 놓아야 한다. 그런 다음 여러 능동적 행위를, 다음에는 자아를, 끝에는 삶을 놓아야 한다.

베드로는 다른 사람이 어떤 처지가 될지 알고 싶어 한다. 예수님이 사랑하시던 제자는 어떻게 되겠느냐고 묻는다. 예수님이 대답하신다. "내가 올 때까지 그가 살아 있기를 내가 바란다 할지라도, 그것이 너와 무슨 상관이 있느냐? 너는 나를 따라라"(요한 21,22). 베드로는 비교하는 일도 그만두어야 한다. 남들이 자기보다 더 오래 살지에 관심 둘 필요 없이 그저 하느님이 자신에게 요구하시는 길에 마음의 문을 열어야 한다. 하느님이 무리하게 요구하시는 사신의 십사가형께을 나른 사람의 죽음과 비교해서도 안 된다. 우리는 각자에게 주어진 죽음을 맞는다. 우리가 어떻게 죽을지는 아무도 모른다. 우리는 결국 자신의 죽음마저도 놓아야 하며 어떤 죽음을 맞을지 하느님에게 맡겨야 한다.

노인은 점점 더 많은 것을 놓아야 한다. 이 과정은 고통스럽다. 나는 어머니에게서 이를 경험했다. 어머니는 생애의 마지막 20년 동안 앞을 거의 못 보셨다. 눈이 잘 보였을 때는 사람들에게 다가가 말을 잘 건네는 분이었는데 나중에는 사람들을 거의 알아볼 수 없게 되었다. 어머니는 누군가 당신에게 말을 걸 때까지 기다리셔야 했다. 그러면 금방 대화가 이루어졌다. 돌아가시기 일 년 전 대퇴골이 부러졌을 때는 친한 노인들과의 정기 모임마저 포기해야 했다. 매일 참석하시던 미사에도 가실 수 없었다. 당신보다 먼저 세상을 뜬 많은 친지를 떠나보내셔야 했다. 알고 지내던 한 사람 한 사람이 세상을 뜰 때마다 이를 아주 분명히 인식하시고 그에 대해 이야기하셨다.

살면서 많은 일을 나누고 기쁨과 슬픔을 함께 체험한 사람이 죽을 때, 그는 우리의 일부분을 하느님에게 가져간다. 주위에서 세상을 떠나는 사람이 늘어날 때마다 우리의 많은 부분도 세상 문턱을 넘어간다. 노인들은 자신의 일부분이 이미 저세상에 있다는 느낌을 받곤 한다. 다른 사람들이 흥분하는 일들이 그들에게는 별로 중요하지 않다. 그들의 실존이 이미 저세상에 한 발 들어가 있기 때문이다. 이렇게 그들의 눈길은 점점 더 내면을 향하게 된다.

어머니는 놓아 버리는 과정을 고통스럽게 체험하셨다. 그러나 놓아 버리기의 마지막 단계에서 그분은 깊은 내면의 평화와 크나큰 여유를 갖게 되었다. 사람들만 떠나보낸 것이 아니다. 노년에도 내내 충실하게 지켰던 일상의 리듬과 의식儀式도 놓아 버려야 했다. 내게 "이제 기도를 못하겠구나" 하고 말씀하신 적이 있다. 그전에는 자녀와 손자 · 손녀들을 위해 날마다 두 번씩 묵주기도를 올리시던 분이었다. 그런데 이제 아무것도 할 수 없게 되었다. 기도에 집중할 수 없었기 때문이다. 기도마저 놓아 버릴 수밖에 없었다. 그러고는 "그냥 '네'라고 대답하는 것으로 하느님에게 족하지 않나 싶다. 지금 이대로도 좋아. 더는 못하겠구나" 하고 말씀하셨다. 어머니의 기도는 점점 더 단순해졌다. 그러나 이 간단한 몇 마디로 그분은 모든 기도의 궁극적 본질을 깨달으셨다. 그것은 자신의 삶을 하느님에게 온전히 바치는 것이다. "당신 뜻이 이루어지게 하소서!"

수도원에는 정년퇴직이라는 것이 없다. 여기서는 자기가 원할 때까지 일할 수 있다. 이는 아주 유익하다. 늙은 수도자들은 자신이 아직 쓸모 있는 사람이라고 느낀다. 그들은 고령이 될 때까지 뜻있는 일을 한다. 여기에는 위험도 도사리고 있다. 젊은 수도자에게 자리를 물려줄 때가 됐는데도 늙은 수도자는 알아차리지 못할 수 있다.

요한네스 쿤은, "그리스도인은 항상 일한다"고 강조했던 유명한 오토 디벨리우스 주교에 대해 이야기한다. 그는 훌륭한 주교였다. 그런데 자기 직책을 그만두고 싶어 하지 않았다. 몇몇 신부가 그를 찾아가 말했다. "주교님, 주교님은 여러모로 저희의 모범이 되셨습니다. 그러니 이제는 마지막 순간까지 직책에 매달리지 않고도, 계속 일에 매달리지 않고도 늙어 갈 수 있다는 모범을 보여 주십시오." 주교는 그들의 말을 알아듣고 대답했다.

"자네들 말이 맞네. 늙어서는 내가 누구인가라는 사실도 중요한 법이지"(Kuhn 36). 노년에는 내가 무슨 일을 했으며 하고 있는가가 중요하지 않다. 핵심은 내가 누구인가다.

우리는 일, 능력, 임무, 자신의 비중을 놓아 버리면 우리가 더 작아진다고 여기곤 한다. 도교道敎에는 모든 외적 가치를 놓아 버릴 때 인간의 근본 가치가 드러난다는 사실을 가르쳐 주는 이 야기가 전해진다.

> 어떤 목수와 제자가 길을 가고 있었다. 제자가 엄청 크고 늙어 혹까지 달린 떡갈나무를 발견하고는 놀라워했다. 목수가 제자에게 물었다. "이 나무가 왜 이토록 늙고 크게 자랐는지 아느냐?" 제자가 대답했다. "모릅니다. 왜 그렇습니까?" 목수가 대답했다. "쓸모가 없어서다. 만약 이 나무가 쓸모가 있었더라면 사람들이 진작에 베어 가서 침상이나 밥상을 만드는 데 썼을 거다. 쓸모가 없으니 그냥 자라도록 놓아둔 것이지. 이제는 이렇게 크게 자라 사람들이 그늘에 앉아 쉴 수 있게 되었구나(Nouwen, *Zeit* 49 참조).

나무의 가치가 나무라는 존재에만 있었기에 자유롭게 빛을 향해 한껏 자라날 수 있었다. 이제 이 나무는 자기 그늘 아래 와서 쉬라고 사람들을 부른다. 외적 가치를 놓아 버리면 우리의 진정한 가치는 단순히 인간임에 있음을 깨닫게 된다. 그때 우리 삶은 많은 열매를 맺게 된다. 다른 사람들이 우리에게 와서 쉬고 싶어 할 것이다. 그들은 우리가 아무것도 원하지 않고 그저 존재할 뿐임을 안다.

내가 받아들여야만 그것을 놓을 수 있다. 삶을 기꺼이 살았을 때만 삶을 놓을 수 있다. 한 번도 제대로 살지 않은 사람은 자기 삶을 놓을 수 없다. 융은 중년부터 죽을 준비가 되어 있는 사람만이 진정 사는 사람이라고 말했다. 죽음은 놓아 버리기의 절정이다. 융은 젊었을 때 치열하게 사는 법을 배우지 못한 사람은 늙어서 아무것도 놓을 수 없다고 한다. 이런 사람은 삶을 있는 그대로 받아들이지 못한다. 인생의 전반기에는 치열하게 싸우고 씨름하는 것이 당연하다. 인생의 후반기에는 놓을 줄 알아야 한다. 그러니 삶을 세을리한 사람은 늙어서 놓을 게 하나도 없다. 그런 사람은 노년에 평생 살아 내지 못한 삶을 아쉬워할 뿐이다. 결국 노년의 중요한 과제인 놓아 버리기를 이룰 기회조차 없게 된다. 자기 나이에 주어진 과제를 등한시한 탓에 삶을 제대로 살 기회를 놓치고 마는 젊은이와 노인에 대해 융은 말한다.

싸워서 이겨 보지 못한 젊은이는 젊음이 주는 최상의 선물을 놓치고 만다. 산꼭대기에서 계곡으로 쏟아져 흐르

는 시냇물의 신비에 귀 기울일 줄 모르는 노인은 아무것
도 아니다. 그런 노인은 과거에 갇힌 정신적 미라나 마찬
가지다. 그는 자기 삶에 멀리 떨어져 극도의 무의미한 상
태까지 기계처럼 반복할 뿐이다. 이런 허울뿐인 형상을
요구하는 문화란 얼마나 한심한가(Jung, *Werke* 466).

헤르만 헤세는 노년에 많은 것을 놓아 버리는 것이 인간의 본성
임을 깨달았다. 그는 노인을 바람에 실려 집으로 날아가는 시든
잎에 비유했다.

모든 꽃잎은 열매가 되려 하고
모든 아침은 저녁이 되려 한다.
이 땅에 영원한 것은 없다.
변화와 소멸만 있을 뿐.

지극히 아름다운 여름도
가을과 시듦을 맛보려 한다.
나뭇잎아,
바람이 너를 데려가려 하거든
가만 있거라.

네 놀이나 하며 막지 말아라.

가만히 두어라.

바람이 너를 꺾으면

바람에 실려 집으로 날아가리라(Hesse 56).

그냥 놓아 버리겠다고 마음먹은 사람은 마음이 새롭게 가벼워지는 것을 느낀다. 바람에 실려 집으로 가는 잎처럼 가볍기만 하다. 헤세는 다른 글에서 '놓아 버리기'를 '자기 내어 주기' 또는 '자기 희생'이라고 부른다.

> 젊었을 때는 자신을 진지하게 받아들이는 것이 필요하다. 그러나 늙어서는 자기를 희생할 수 있어야 한다. 노인 위에는 노인을 진지하게 받아들이는 그 무엇이 서 있기 때문이다. … 젊은이의 과제, 동경, 의무는 무엇이 되는 것이다. 이와는 달리 성숙한 사람의 과제는 자기를 내어 주는 일 또는 독일 신비주의자들이 표현했듯이 "무엇이 되기를 그만두는 일"이다(Hesse 80).

독일 신비주의자들은 "무엇이 되기를 그만두는 일"이 영성의 과제임을 깨달았다. 움켜쥐지 않고 놓는 것은 체념이 아니다. 하느님과 하나 되고자 하는 갈망이다. 자아(Ego)를 버리는 일은 존재

의 근원, 궁극적으로 하느님과 하나가 되는 데 없어서는 안 될
전제 조건이다.

이제 노년의 과제인 놓아 버리기를 생활의 다양한 범주에 적
용하고자 한다. 우리는 재산, 건강, 관계, 성性, 권력, 마지막으로
자아를 놓아 버려야 한다.

재산에 집착하지 않기

재산에 집착하고 인색하며 한 푼도 내어 줄 줄 모르는 노인들
을 보면 씁쓸하다. 어떤 노인들은 자식들에게 최대한 많이 물려
주려면 재산을 잘 단속해야 한다고 믿는다. 우리 어머니는 죽어
싸늘해진 손이 아니라 온기가 남아 있는 따뜻한 손으로 베풀 줄
알아야 한다고 자주 말씀하셨다.

노인들이 재산에 집착하는 것은 더 이상 자신을 느낄 수 없게
되었기 때문이다. 재산을 생각하면 "아직 살아 있다는 느낌을 받
는다"(Riemann 111).

> 그런 노인들은 죽음에 대한 생각을 떨쳐 버리고 은폐하
> 려는 듯이, 영원히 살 듯이 재산을 모으고 불려 간다. 남
> 에게 내주는 것은 그것이 무엇이든 육체적 통증을 불러
> 일으킨다. 재산이 생명력의 한 부분으로 자신의 일부가
> 떨어져 나가는 것 같다. 재산은 그들이 아직 살아 있음을

상징한다. 따라서 재산을 쌓으면서 실은 '삶'을 움켜쥐고 있는 것이다(Riemann 111 이하).

재산에 인생이 달려 있다고 보는 사람의 삶에는 냉기가 돈다. 그러나 노년에 재산을 놓을 줄 아는 사람, 가난한 사람에게 나눠주고 자식들에게 넘겨주는 사람은 자유로워진다. 그는 자기 인간 존재의 본질을 체험하게 된다. 시편에는 이렇게 쓰여 있다.

누가 부자가 된다 하여도, 제집의 영광을 드높인다 하여도 불안해하지 마라. 죽을 때 그 모든 것을 가지고 갈 수 없으며, 그의 영광도 그를 따라 내려가지 못한다(시편 49, 17-18).

우리는 죽을 때 가진 것을 남김없이 다 놓아야 한다는 사실을 잊지 말아야 한다. 그러므로 죽기 전에 미리 연습해야 한다. 우리는 재산에서 해방되어야 한다. 그러면 자신을 하느님 손에 더 쉽게 맡길 수 있다. 재산을 놓지 못하는 사람은 바닥에 떨어져 부딪힌다. 재산에서 해방된 사람은 하느님의 따스한 손 안에 가볍고 부드럽게 떨어져 안길 수 있다.

한 수도자가, 자신의 늙은 아버지가 그때까지 소중히 간직해 온 물건들을 갑자기 남들에게 선물한다는 이야기를 한 적이 있다. 정말 소중하게 여기던 책들을 누구에게 줄까 고민 중이라는 것이다. 그 늙은 아버지는 놓아 버리면 자유로워진다는 걸 알고 있었다. 그는 자신이 아끼던 물건들로 다른 이들을 기쁘게 해 주면서, 선물받은 사람에게 그의 애정을 전한다.

노인이 재산을 놓으면 다른 이들에게 마음을 열게 된다. 그렇게 새로운 관계가 형성된다. 반대로 재산 뒤에 숨어 몸을 사리는 사람은 점점 더 고독해진다.

건강에 매달리지 않기

건강을 재산처럼 여기는 사람이 많다. 그래서 가능한 한 오랫동안 건강을 붙잡고 싶어 한다.

물론 건강하게 살고 건강을 염려하는 것은 좋은 일이다. 하지만 건강에 지나치게 집착하는 사람이 있다. 그런 사람들은 심기증心氣症이나 병에 대한 공포증에 걸리곤 한다. 일상의 모든 생각과 행동이 자기 건강에만 쏠려 있다.

사람들은 자기 몸에서 모든 노화 증상이 일어나고 있다고 두려워하며 몸 구석구석에서 병증이 보인다고 착각한다. 끊임없이 자기 몸 상태를 살피다 보니 꺼림칙하지 않은 데라곤 한 군데도 없다. 정상적 신체 반응마저 의심스러워서 맥박, 대변 색깔, 식욕을 항상 관찰한다. 건강에

바람직하다고 착각하는 이런 생활 태도 때문에 자신에게
기쁨이 되는 많은 기회를 놓쳐 버린다는 모순을 전혀 깨
닫지 못한다(Riemann 112).

자나 깨나 건강만 생각하고 사는 사람은 삶이 기쁘지 않다. 음식
이 건강을 해칠 수 있다는 불안 때문에 먹는 것도 즐겁지 않다.
그럼에도 마음 한구석에서는 건강을 붙잡을 수 없음을 느끼고
있다. 건강에 대한 집착은 지나친 노력이 되고 이 노력은 기쁨이
아니라 불안으로 그를 가득 채우고 만다.

　의사를 찾아가는 일이 사람을 만나는 유일한 기회인 노인들도
있다. 의사가 노인의 말을 경청하는 유일한 사람인 경우도 있다.
사람들과 병에 대해 이야기하기보다 정치나 예술, 철학과 종교
같은 흥미 있는 주제에 대해 토론하고 나면 정말 살맛이 난다고
하는 노인이 많다. 그러나 자신과 자신의 건강에 집착하지 않아
야 이런 주제에 마음을 열 수 있다.

　건강에 주의해야 하지만 과하면 안 된다. 건강하려고 아무리
노력해도 언젠가는 늙고 병든다. 그때는 건강에 매달리지 않는
것이 중요하다. 오늘날 건강이 최고의 재산이라고 생각하는 사
람이 많다. 건강이 종교를 대신하기까지 한다. 그러나 이 '대체'
종교는 유한한 것을 신으로 치켜세우기 때문에 냉혹하고 무자비
해진다. 이 대체 종교에 헌신하는 사람을 노예로 만들어 버린다.

노년에는 인간 실존의 더 깊은 차원에 가 닿는 일이 매우 중요하다. 이것이 가능하려면 건강에 대한 염려를 내려놓고 이렇게 물어야 한다. "나는 과연 누구인가? 나는 건강을 기준으로 나를 규정하고 있지 않은가? 무엇이 나의 가장 깊은 곳에서 나의 가치를 결정하는가? 기력이 약해졌을 때 하느님이 마련해 두신 나의 참모습에 마음을 열 수 있겠는가?" 하느님이 내 삶의 근원이고 최종 목표일 때만 나는 노년을 느긋하고 기쁘게 살 수 있을 것이다. 건강만 숭배하는 사람은 끊임없는 불안에 싸여 결국 건강을 잃을 수도 있다.

관계에 느긋해지기

노년에는 인간관계가 좁아지기 마련이다. 절친했던 사람들이 먼저 세상을 떠나고 홀로 남는다. 자식들은 기대했던 만큼 돌봐주지 않는다. 늙으면 배우자가 자기보다 먼저 세상을 떠날까 봐 불안하다. 그러면 세상이 무너질 것 같고 더는 살 가치가 없을 것 같다.

오랜 세월을 같이 살며 사랑하던 사람을 잃는 일은 매우 고통스럽다. 노년에는 우리가 맺고 있는 관계로 자신을 규정하는 대신 나 자신을 출발점으로 삼아야 한다. 혼자서 잘 사는 사람이 배우자를 선물로 여기고 아낄 수 있다. 배우자가 나보다 먼저 죽을 수 있다는 사실에 대해 숙고하다 보면, 나는 누구이고 내 삶을 어떻게 이해하고 있는가라는 물음에 직면하게 된다. 그러면 내가 한 번도 스스로 산 것이 아니라 배우자에게 집착하며 내 존재를 배우자를 통해 규정하고 살았음을 깨달을지도 모른다.

프리츠 리만은 자신을 다른 사람과의 관계에서만 이해하는 사람들에 대해 말한다.

> 이는 부분적으로 유아기에 머물러 있는 사람에게서 발견된다. 그런 사람은 타인과의 관계와 타인의 반응에 따라서만 살 뿐 자신의 삶은 없다. 타인이나 배우자가 사라지면 세상이 무너지는 듯하고, 의존하고 따를 사람이 없어진다. 배우자의 요구를 충족시키는 일이 삶의 유일한 목표였는데 그럴 기회가 없어지는 것이다(Riemann 110).

이런 사람들은 스스로 사는 것이 아니라 다른 사람의 삶을 위해 자신을 바치며 산다. 그들에게 이것은 자신의 삶을 포기하는 것이 아니다. 자신의 삶을 느끼거나 살아 본 적이 전혀 없기 때문이다. 사랑하는 배우자의 죽음에 대해 깊이 생각해 보는 일은 이런 사람들에게 자신의 삶을 발견하고 스스로 살 것을 요구한다.

부부는 동시에 죽는 것이 아니라 반드시 한 사람이 먼저 가고 한 사람은 남게 된다는 사실에 대해 깊이 생각해 보아야 한다. 남은 사람은 이 새로운 상황에서 살 수 있어야 한다. 배우자에게 너무 매달린 나머지 그를 잃은 후에도 제대로 떠나보내지 못하는 사람이 있다. 너무 고통스럽기 때문이다. 배우자를 정말로 떠나보내고 마음속에서 그와 새로운 관계를 맺게 되기까지 긴 슬픔과 고통을 견뎌야 한다.

어떤 이들은 이런 비애의 과정을 통과하는 대신 죽은 사람을 '숭배'하기에 이른다. 배우자가 살아 있을 때처럼 모든 것을 예전 그대로 둔다. 배우자가 죽자마자 그를 대신할 사람을 찾는 경우도 있다.

> 그는 자신을 위해 새 배우자가 필요할 뿐이다. 새 배우자 자체를 원하는 건 결코 아니다. 새 배우자가 자기 삶에서 맡을 역할만 중요하다. 새 배우자는 쉽게 대치될 수 있다. 그가 이전에 했던 역할을 하도록, 독립적인 개인이 되지 않도록 해 주기만 하면 된다(Riemann 111).

이해할 수는 있지만 이런 태도는 아무런 발전이 없다. 노년에는 혼자 있는 법도 배워야 한다. 배우자를 떠나보내면 일단은 심한 고독에 빠질 것이다. 그러나 나 자신을 느끼고 자신의 삶을 발견하기 위해서는 이 고독을 견뎌야 한다. 이 과제를 성취하고 나면 새 배우자를 찾아 나설 수 있다. 급하게 새로운 관계를 맺는 것은 내 고독을 은폐할 뿐이며, 내 고독의 빈자리를 '채워야' 하는 배우자에게 지나친 요구를 하게 된다. 배우자의 죽음을 제대로 슬퍼하기 위해서는 여러 단계를 거쳐야 한다. 첫째 단계는 이별이다. 마음속에서 배우자와 이별하고 그가 정말 떠나도록 놓아 주어야 한다. 이제 다시 포옹하거나 입 맞출 수 없다. 쓰다듬어 줄 수도 없고 이야기도 나눌 수 없다. 둘째 단계는 거부다. 배우자를 잃었다는 사실을 인정하려 하지 않는다. 이 단계를 거쳐야만 상실의 아픔을 수용할 수 있다. 지독한 혼란에 빠질 수도 있는 이 아픔을 거쳐야 셋째 단계에 도달한다. 안정을 찾고 내 영혼에서 새로운 가능성들을 발견하는 단계다.

사람을 놓아 주어야만 마음속에서 그와 새로운 관계를 맺을 수 있다. 그러면 죽은 사람에게도 집착하지 않게 된다. 그가 정말 떠날 수 있도록 놓아 주었으니 이제 그는 내 마음속의 동반자가 된다. 그는 이제 내 안에 잠재된 능력과 재주, 활발히 활동하고 싶어 하는 모든 것과 내가 만나도록 해 줄 것이다.

성에서 자유로워지기

노년에도 성과 성애性愛가 정열과 행복을 불러일으킨다고 여기는 사람이 많다. 노년에는 성이 사라진다는 관념을 버려야 한다. 늙어서도 깊은 애정으로 서로를 대하는 부부를 보면 흐뭇해진다.

새롭게 애정을 느낀다는 사실에 몹시 놀라는 노인도 있다. 남들에게 말할 엄두도 못 낸다. 그러나 노년에도 성과 성애는 삶에 기쁨이 되는 중요한 원천이다. 그리스도교의 몇몇 교파는 성을 억압하고 죄스럽게 여김으로써 성애의 기쁨을 부정했다. 따라서 노년에 성애와 성생활에 대해 새롭게 숙고하는 것이 중요하다.

노인들이 자신의 성을 체험하는 방법은 매우 다양하다. 여기에 일정한 기준은 없다. 노년에는 내가 성에 대해 어떤 자세를 취하고 있는가가 분명하게 드러난다. 성에 몹시 집착하는데도 성이 그전과 똑같은 쾌락의 원천이 아님을 느끼는 노인들이 있다. 그런 사람들은 "생식기 발육 이전의 욕구 충족 단계"(Riemann 37)로 퇴화한다. 즉, 모든 관심을 먹는 것에 집중한다.

> 무엇을 어떻게 먹었으며, 무엇이 건강에 좋고 무엇이 나쁜가가 대화의 중요한 주제가 된다. 노년에 남보다 적게 먹어 손해 보는 것은 아닐까 불안하기라도 하듯, 먹는 것이 유일하게 중요한 일이라도 되는 듯 음식에 탐욕을 부리는 경우가 드물지 않다(Riemann 41).

성이 빗나가는 또 다른 형태는 음탕하게 "성적 행위를 관찰하거나 보여 주고 싶어 하는 욕구"다.

> 목욕하는 수산나 이야기(다니 13장)에서 음탕한 늙은 남자가 등장한다. 불평불만만 늘어놓고 사람을 못살게 구

는 '음욕에 찬' 고약한 늙은 남자를 일상에서 쉽게 볼 수 있다. 그들은 공격적이고 파괴적인 특성을 보인다. 그들 대부분은 자기보다 젊은 사람을 몰래 증오하고 시기한다. 그런 노인들을 보고 있으면 여생의 에너지를 몽땅 증오와 악의로 표출한다는 인상을 받는다(Riemann 40).

성을 그릇된 형태로 회피하지 말고 성의 본질을 새롭게 발견하는 일이 노년에는 중요하다. 그러면 사랑은 젊었을 때만큼 황홀하지는 않더라도 더욱 다정스러워진다. 자신의 인생 단계와 성을 잘 융합시키는 노인도 많다.

자신의 육체성을 진지하게 받아들이는 것은 몸을 건강하게 가꾸는 태도에서 잘 드러난다. 이제 성은 자기와 아무 상관이 없다고 치부하는 노인들은 몸을 돌보는 데 게을러진다. 결국 방임한다. 이런 방임은 그들이 성과 건강하지 못한 관계를 맺고 있다는 표시다. 노년에는 성을 억압하기보다 성의 변화를 인식해야 한다. 성적 능력이 젊을 때 같지 않다고 괴로워하는 노인들은 약에 의존한다. 아니면 아직도 성적 능력이 있음을 자신에게 증명하고 싶어서 성적 환상으로 달아난다.

노년에 성에 대해 성숙한 자세를 가지려면 충동을 조금 더 억제하고 성의 본질을 향해 나아가야 한다. 쾌락과 기쁨뿐 아니라 다정함, 친근함, 아늑함으로 가득 찬 사랑과 만나야 한다. 이런 자세를 갖추는 데 성공하면 성행위에서 서로에게 만족을 선사할 뿐 아니라 다른 면에서도 서로를 다정하게 대하는 새로운 깊이에 이르게 된다.

권력 내려놓기

노인들은 자신의 권력이나 영향력을 놓기 힘들어한다. 은퇴를 두려워하는 정치가들에게서 가끔 보이는 모습이다. 이들은 스스로의 가치를 자신이 쥔 권력을 기준으로 측정한다. 아버지가 아들에게 회사 경영권을 물려주지 않는 경우가 있다. 아들이 후계자 자리에 앉아 있는데도 아버지는 아들 방식대로 경영하도록 놔두지 못한다. 그러면서 갈등이 생겨난다.

권력을 놓지 못하는 사람은 자신의 능력이 감퇴하는 걸 더 많은 노력으로 채우고자 한다. 자신이 아직 모든 면에서 뛰어남을 '젊은이들'에게 증명하고 싶어 한다.

하지만 이런 태도는 정신적 부담을 과중시키고 실패할 위험을 높인다. 해결해야 할 일 자체가 아니라 자기 위치의 방어가 중요해지기 때문이다. 게다가 실패하면 안 된다는 생각은 실수를 야기한다. 경직된 태도 때문에 상황에 대한 올바른 판단이 흐려진다. 이러한 정신적 부담은 심장병을 일으키거나 발병률을 높인다(Riemann 113).

노인이 권력에 집착하면 할수록 적은 늘어 간다. 젊은 사람들은 그에게 저항한다. 그렇게 파국으로 치닫는다. 젊은 사람을 신뢰하며 자발적으로 권력을 넘기지 못하고 강제로 빼앗긴다. 죽음이나 젊은이들의 반란에 의해 권력을 잃게 된다. 노인이 직위에서 쫓겨날 때 영예로운 은퇴란 없다.

권력을 넘겨준다고 해서 완전히 잊혀지는 건 아니다. 권력 있는 지위를 포기함으로써 삶을 충족시키는 새로운 방향을 찾는 경우가 많다. 우리 아버지는 스물여섯 살에 전기제품 도매상을 차리셨다. 후에는 아들 둘과 딸 하나가 여기에서 일했다. 아버지는 돌아가시기 전까지 사장 자리에 계셨지만 실제 경영권은 두 아들에게 물려주셨다. 아버지는 매일 가게에 나가셨다. 그런데 날마다 가게에 와서 전구나 건전지, 음반을 사는 노인이 있었다. 노인은 우리 아버지와 이야기를 나누려고 가게에 온 것이다. 아버지의 평온한 얼굴이 노인들의 마음을 끌었던 것 같다. 그들은 물건을 사기 위해서만이 아니라 그냥 받아들여지고 싶어서 가게까지 아버지를 찾아왔던 게 아닌가 한다.

아버지는 권력과 돈에 매달리지 않으셨다. 그런 것은 아버지에게 중요하지 않았다. 그보다는 선량하고 이해심 많은 태도 때문에 많은 사람이 아버지와 대화하고 싶어 했다. 결국 이것이 가게에도 이익이 되었다. 아버지는 가게에 오는 모든 사람에게 그가 중요한 사람이며 있는 모습 그대로 언제든지 와도 좋다는 것,

그가 중요한 사람으로 여겨지고 있다는 것을 일깨워 주셨다.

실은 많은 노인이 권력을 놓고 싶어 한다. 그러나 막상 구체적으로 실행하려 하면 쉽지 않음을 깨닫는다. 어떤 사람이 예순이 되어 아들에게 회사를 물려주었다. 자신은 부사장 지위로 내려앉고 아들에게 모든 책임을 맡겼다. 그러나 중요한 안건을 의논하러 온 사람들이 자기 사무실을 지나 곧장 아들 사무실로 들어가는 것을 보면 속이 몹시 쓰렸다. 자발적으로 권력을 놓았지만 그렇게 간단한 일은 아니라는 사실을 고통스럽게 경험한 것이다. 머릿속으로는 권력을 놓는 일을 얼마든지 계획하고 상상할 수 있다. 그러나 사람들이 더 이상 자기 의견을 묻지 않고 중요한 안건을 알려 주지 않으면, 정말로 권력에서 물러나는 일이 얼마나 힘든지 경험하게 된다. 아들에게 회사를 물려준 사람은 자신의 결정을 바꾸지 않았다. 자신의 아픔을 계속 의식하며 받아들였다. 그리고 얼마 지나지 않아 그는 다른 사람이 되었다. 진심으로 물러날 수 있게 되었으며, 권력을 내어 줌으로써 선물로 주어진 자유를 만끽하게 되었다.

자아 버리기

최종적으로 노년에는 자아를 버려야 한다. 이것은 우리에게 주어진 과제 가운데 분명 가장 어려운 과제다. 여러 종교의 현자들은 하나같이 말한다. "자아보다 더 큰 것이 내 안에서 빛을 발하려면 자아가 먼저 죽어야 한다." 예수님도 제자들에게 자아를 버리라고 하셨다. "누구든지 내 뒤를 따르려면 자신을 버리고 제 십자가를 지고 나를 따라야 한다"(마르 8,34).

그리스어 '버리다'에는 '아니라고 말하다, 저항하다, 거리를 두다'라는 뜻이 있다. 모든 것을 내 것으로 삼고 착취하려는 자아에 저항해야 한다.

재산, 권력, 건강에서 자유로워지는 것에서 궁극적으로 배워야 할 것은 자아를 버리는 일이다. 재산과 권력은 자아를 강하게 하기 때문이다. 자아를 재산과 동일시하는 사람들이 있다. 그들은 결코 자신의 참자아에 도달하지 못한다. 융은 '자아'(Ego)에서 벗어나 '자기'(Selbst)에게 나아가는 일이 중요하다고 했다. 재산이 '가면'과 자아를 강하게 한다고 했다. 이 '가면'이 너무 강해지면 우리 안에 있는 진정한 자기를 감지할 능력을 잃게 된다. 자기가 되지 못하는 사람은 미성숙한 사람으로 머물러 버린다.

자아를 버리고 자신 안에 하느님을 받아들이는 일은 영적 도전이다. 융은 하느님상像을 자신 안에서 융합할 준비가 된 사람만이 자기에 도달할 수 있다고 생각했다. 종교적 언어를 빌려 표현하자면 이렇다: 자아가 아니라 하느님이 우리를 지배하여야 한다.

예수님은 하느님 나라를 선포하셨다. 이 선포가 예수님의 복음이다. 하느님 나라가 가까이 왔다. 하느님은 우리 안에서 다스리고자 하신다. 우리가 하느님 나라를 받아들이면, 하느님이 참으로 우리 인에서 다스리시면, 우리는 온전히 자기가 된다. 이는 구원과 해방, 치유와 온전히 됨을 뜻한다.

살아가면서 명상, 사랑, 기도를 통해 '자아 버리기'를 연습할 수 있다. 그러나 자아를 버린다는 것이 무슨 뜻인지 노년에 이르러서야 아프게 깨닫는다. 이제 더는 회피할 수 없다. 자아에 집착하면 자기는 결국 깨지고 말 것이라는 사실을 어렴풋이 느낀다. 우리가 접하는 모든 일에서 자아를 버릴 마음의 준비가 되어 있을 때만 훌륭하게 늙어 갈 수 있다.

내가 관심의 중심에 있지 않으며 아무도 나를 필요로 하지 않고 이제는 권력도 영향력도 없다는 사실에 수긍할 때라야 자아를 버릴 수 있다. 일상에서 뒷전으로 밀려날 때마다 쓰라린 마음으로 반응할 수도 있지만, 이것을 자아를 버리라는 요청으로, 가난해진다는 사실을 긍정하라는 요청으로 이해할 수도 있다. 그러면 내·외적 가난을 고통이 아니라 마음의 자유로 경험한다. 자아를 버린 사람만이 진정 자유로우며 그의 내면은 하느님이 다스리시게 된다. 그는 온전해지고 완전해진다. 그런 사람은 하느님이 만드신 자신의 원초적이며 거짓 없는 모습과 만나게 된다. 신비주의는 자아의 죽음을 이야기한다. 자아를 망가뜨릴 필요는 없다. 그보다 놓아 버려야 한다. 요한네스 타울러는 이를 아주 분명하게 밝혔다.

하느님은 가난한 사람을 원하신다. 그대를 놓아라! 재산,
친구, 친척, 보물, 그대 마음을 붙잡고 있던 것을 빼앗겼
는가? 그것은 그대 마음의 적나라하고 가난한 밑바닥을
하느님에게 바치도록 하려고 일어난 일이다. 하느님은
바로 그 가난한 밑바닥에서 그대를 찾고 계신다. 그분이
그대를 발견하시도록 하여라! … 내·외적으로 예기치
못한 불행이 닥칠 때 그 불행에게 말하라. "내가 사랑하
는 유일하고 충실한 친구여, 반갑구려! 여기서 그대를 만
날 줄은 정말 몰랐다네"(Egenter 80 이하).

삶은 자아를 깨 버린다. 삶은 자신에 대해 가지고 있는 환상을
깨뜨린다. 삶이 자아를 망가뜨리는 것을 허락하는 건 고통스럽
다. 그러나 이것이 우리의 과제다. 집착하는 어떤 것을 빼앗겼을
때 애통해하지 말고 그 안에서 하느님이 역사하고 계심을 알아
보아야 한다. 자아를 놓아 버리라고 청하는 친구로 그분을 맞이
해야 한다. 자아를 버리는 일은 뼈아픈 고통의 과정이다. 앙겔루
스 실레지우스는 이 놓아 버리는 작업을 도전적으로 표현했다.

인간이여, 그대가 아직도 그 무엇이라면, 무엇을 알고 사
랑하고 소유하고 있다면 그대는 아직 그대가 진 짐을 다
내려놓지 못한 것이라네(Egenter 80).

우리가 아직 세상에서 인정받는 그 무엇일 때, 지식으로 뽐낼 수 있을 때, 무엇을 소유하고, 관계로 자신을 규정할 때, 그 모든 것에 집착할 위험을 안고 있다. 자아를 버리는 사람은 관계와 지식을 잃지 않는다. 그는 인간으로서의 자기 가치를 관계나 지식에 의존하지 않는다. 그는 하느님 안에서 자신을 놓아 버렸다. 그러므로 그는 진정 자유롭다.

4장 풍성한 열매

받아들이고 놓아 버리는 데 성공한 사람은 노년에 풍성한 열매를 거둔다. 시편 저자는 노년의 풍성한 열매에 대해 노래한다.

> 의인은 야자나무처럼 돋아나고, 레바논의 향백나무처럼
> 자라리라. 주님의 집에 심겨, 우리 하느님의 앞뜰에서 돋
> 아나리라. 늙어서도 열매 맺으며, 수액이 많고 싱싱하리
> 니, 주님께서 올곧으심을 알리기 위함이라네. 나의 반석
> 이신 그분께는 불의가 없다네(시편 92,13-16).

풍성한 열매를 맺기 위해 우선되어야 할 두 가지가 언급된다. 하나는 의로움이고 다른 하나는 주님의 집에 심겨지는 일이다.

사람은 자신의 실존에 합당한 삶을 살 때 의롭다. 플라톤은 자기 영혼의 세 영역에 맞게 살며 이 세 영역이 지닌 권리를 인정하는 사람, 자신과 자신의 현실을 옳게 대하는 사람이 의로운 사람이라고 했다. 사람들의 결핍을 채워 주는 사람은 의롭다. 의인은 자기 주위만 맴돌지 않는다.

노년에 나르시시스트가 되는 사람이 많다. 특히 크게 성공한 사람들이 집착에서 벗어나지 못하고 자아도취에 빠져 스스로를 치켜세우는 모습을 자주 보았다. 어떤 정치가는 적당한 때 권력에서 물러나지 못해 그동안 이룬 업적을 망가뜨리고 만다. 몇몇 종교 지도자들은 자신의 행동이 사람들을 낯 뜨겁게 할 뿐이며 자기 말이 더는 먹혀들지 않는다는 사실을 전혀 눈치 채지 못한다. 추종자들이 떠받드는 바람에 열매를 거두지 못하고 있다는 사실을 보지 못한다. 사실은 똑같은 말을 반복하고 있을 뿐이다. 또 모든 사람이 자기에게만 관심을 가져야 한다고 믿는다. 자신과 다른 이들의 요구에 합당하게 처신하며 올바른 일을 행하는 사람만이 노년에 풍성한 열매를 맺을 수 있다.

노년에 풍성한 열매를 거두기 위한 둘째 조건은 주님의 집에 심겨지는 일이다. 나는 하느님 안에 뿌리를 두어야 한다. 그래야만 육신은 쇠해도 나무는 계속 열매를 맺을 것이다.

오늘날 이러한 풍성한 열매를 거두는 노인이 많다. 65세부터 75세까지의 젊은 노인들은 육체적으로나 정신적으로 아직 많은 일을 성취할 능력이 있다. 인생의 이 단계에서 어떠한 과제를 성취해 내고자 노력하는 일도 분명 노년의 영성에 속한다. 그러나 내가 이루어 내는 과제와 쌓아 올린 업적을 기준으로 나의 가치를 규정하려 해서는 안 된다.

평생 직장을 다니다가 얼마 전에 정년퇴직한 어느 여자분의 이야기다. 그분은 이제 책임지고 해야 할 일이 전혀 없는데도 더 많은 일을 하라고 스스로를 끊임없이 압박하고 있다고 털어놓았다. 오전 10시 30분이 되면 갑자기 '이 시간이면 집안일을 이보다 더 많이 해 놓았어야 하지 않았나' 하는 생각이 들곤 한다는 것이다. 노년에는 스스로에게 스트레스를 주는 일이 없어야 한다. 노인의 삶은 물처럼 흘러야 한다. 자신을 위해서 그리고 다른 사람들을 위해서 삶이 흐를 때 열매 맺을 것이다. 스스로 무거운 짐을 지우는 사람은 자기가 하는 일로 양심의 가책을 달래려 할 뿐이다. 그러면 그가 하는 일은 딱딱하고 쓴 맛이 난다.

노인은 다른 사람과 비교하려는 강박에서 벗어나 일해야 한다. 쉽게 빠져 들고 자기를 잊을 수 있는 일을 해야 한다. 젊었을 때처럼 실용적 기능에 중점을 두지 않고 사람으로 관심을 옮기는 것이 좋다. 다른 이를 위해 투신하고 사람들의 욕구를 감지하는 능력을 점점 더 키워 가는 노인들은, 사람들과 접촉을 피하며 자기 주위만 맴도는 노인들에 비해 더 만족스러워한다. 레프 니콜라예비치 톨스토이는 우울증에서 벗어나는 유일한 방법을 일

기에 썼다. "아주 단순한 방법으로 누군가를 돕는 것이다. 그때
그때 상황에 맞게 누군가를 위해 일하면 된다"(Auer 225 참조). 혼
자 살거나 병석에 누워 있는 사람들을 돌보며 공동체 안에서 봉
사하는 노인이 많다. 봉사하면서 그들은 새로운 능력을 키워 간
다. 자기가 만나는 사람들을 잘 이해할 수 있다. 그들과 대화하
기 위해 적당한 말을 찾아낸다.

우리 어머니는 카리타스 모금 활동에 오랜 시간을 들이셨다.
이집 저집 방문하며 홀로 외롭게 사는 사람이나 노인들과 이야
기를 나누셨다. 그들은 어머니에게 걱정거리와 힘든 점을 이야
기했다. 어머니는 그들의 말을 경청하고 용기를 북돋아 주셨다.
삶의 경험에서 우러나온 생각들을 그들에게 전하신 것이다. 어
머니는 사람들의 이야기를 판단하지 않고 그냥 받아들이셨다.
그러고는 살면서 터득한 당신 삶의 철학을 들려주셨다.

취미는 노년의 다양함을 경험하게 해 주는 또 다른 방법이다.
취미를 즐기는 사람은 내적으로 만족하며 산다. 리만은 좋은 취
미가 있으면 노년에 인생에 대한 회한에 빠질 위험을 방지할 수
있다고 본다. "무언가 좋아하는 것이 있다면 그것으로 체념과 회
한을 방지할 수 있다"(Riemann 33).

취미에 전념하는 사람은 창조력과 상상력이 풍부해진다. 그런
사람은 자기만의 세계를 만든다. 이는 그가 형성할 수 있는 세계
며, 그가 평생 중요하게 여기던 가치들이 유효한 세계다. 세상이

노인들에게서 멀어지는 만큼 취미는 더 중요해진다. 취미 생활을 하며 세상에 나름의 형태를 부여하고 꾸밀 수 있다. 나이가 들어서 자신이 그림이나 글쓰기에 재능이 있고, 손재주가 있다는 사실을 발견하는 사람들이 있다. 그런 사람들은 이제 자유 시간이 많아서 행복하다. 그들은 삶이 지루하지 않다. 살아온 세월 동안 내면에서 갖춘 형태가 이제 드러날 수 있도록 매우 독창적인 시간을 꾸려 나간다.

노년에 풍성한 열매를 거둘 수 있음을 경험하는 사람은 예부터 노인들이 불러온 노년의 찬가에 동의한다. 여기서 몇 가지만 소개하겠다. 중국의 사상가 린위탕林語堂은 "건강하고 지혜로운 노인보다 더 아름다운 것은 없다"(Schipperges 112 참조)고 했다. 다음은 요한 볼프강 폰 괴테가 노년에 카를 프리드리히 첼터에게 보낸 글이다.

> 자네 귀에 조용히 들려줄 말이 있네. 나는 이렇게 나이들고도 좋은 생각들이 떠올라서 요즘 아주 행복하다네. 이 생각들을 좇고 또 실천에 옮기기 위해 생을 반복해도 좋을 만큼 소중한 생각들이네(Schipperges 116 참조).

『더벅머리 페터』*Struwwelpeter*를 쓴 정신과 의사 하인리히 호프만이 1879년에 테오도르 쿠르티우스에게 보낸 글이다.

사람들이 왜 늙음을 한탄하고 두려워하는지 이해할 수
없군. 나이가 드니까 삶에서 여러모로 한계가 생기는데,
그게 아주 편하고 마음을 느긋하고 평화롭게 해 준다네.
타고난 낙관주의자인 나는 치열하게 살았던 과거의 다른
시기와 마찬가지로 노년도 가장 좋은 시기라고 여기고
있네(Schipperges 117).

이 글들은 삶의 기술을 배운 사람은 늙는 데서도 성공을 거두며
노년이 지닌 특별한 가치를 발견한다는 사실을 보여 준다.

브레멘 시장을 지낸 헤닝 셰르프는 노년이 얼마나 '다채로울'
수 있는지 썼다. 그는 노인들과 공동체를 이루고 살면서 많은 단
체에서 열심히 활동하고 있다. 모든 사람이 이렇게 살기를 원하
거나 이렇게 살 수 있는 건 아니다. 그러나 그는 노인들이 할 수
있는 일을 열거한다. 그는 초등학교에서 아이들에게 책을 읽어
주기도 한다. 이 일에 대해 이렇게 말한다.

난 아이들한테 푹 빠져 있다. 책을 읽어 주러 갈 때마다
얼마나 기분이 좋은지 모른다. 아이들도 선생님이 아닌
낯선 사람을 만나고, 자기 할아버지만큼이나 나이가 많
은 사람과 이야기하는 것을 좋아하는 것 같다(Scherf 83).

셰르프는 자기 지식을 남에게 전수하는 '나이 든 전문가'에 대해 언급한다. 브레멘에는 자원봉사자 중개소가 많다. 나이 지긋한 사람들이 이 중개소를 찾는다. 주로 정년퇴직한 사람들로 다른 사람들을 도와주고 싶어 한다. 이러한 사회참여가 그들에게 성취감을 안겨 준다. 셰르프는 노인들이 젊은이들을 도와주고 거꾸로 젊은이들도 노인들을 돕는, 세대를 아우르는 이웃 관계가 이루어지는 것이 바람직하다고 주장한다. 이런 이웃 관계는 많은 가능성을 제공한다. 노인들을 위해 이러한 사회 분위기가 만들어지면 그들은 편안하게 느끼면서 자기 능력껏 사회참여를 할 수 있다.

노인들을 필요로 하는 의미 있는 일과 자리는 충분하다. 스스로에게 기쁨이 되는 일도 얼마든지 있다. 어떤 사람은 취미로 정원을 가꾸고, 어떤 사람은 합창단에서 노래한다. 자전거 여행을 떠나고, 운동을 하고 친교를 즐기는 사람도 있다.

남을 위해 일할 때나 취미 생활을 할 때 무리하지 않는 것이 중요하다. 노년에 젊었을 때보다 더 많이 일하거나 일 뒤로 숨고 일로 도망치는 사람은 어떻게든 마음을 분산시키려는 사람이다. 그러나 마음의 분산은 잘 늙는 옳은 방법이 아니다. 노인 모임의 어떤 프로그램들은 그저 지루함을 달래는 것들이다. 어떻게든 좀 바쁘게 만들고 혼자 있는 것을 피하게 해 주려는 의도에서 기획된 프로그램들이다. 그저 닥치는 대로 분주하게 활동하겠다는

의도로 하는 일은 마음속에 허무함을 남긴다. 블레즈 파스칼은
이를 분명하게 간파했다.

> 인간에게 열정과 일 … 과제가 없는 상황처럼 견디기 힘
> 든 것은 없다. 인간은 그런 상황에 처하면 자기가 얼마나
> 무가치하고, 고독하고, 무기력하고, 의존적이고, 무능하
> 고 공허한 존재인지 느낀다. 그런 느낌이 들자마자 영혼
> 밑바닥에서 지루함, 슬픔, 불만, 절망이 솟아오른다(Auer
> 165 참조).

어떤 활동에 열정적으로 임할 때, 다시 말해 '심혈'을 기울일 때,
사랑이 거기로 흘러 들어갈 때만 우리는 성취감을 느낀다. 지루
함을 쫓아내려고, 고독에 직면하지 않으려고 하는 활동은 결국
실망과 공허만 남긴다.

　나이 든 사람들이 다른 이들을 돕는 의미 있는 사회 활동에 참
여하여 성공한 예는 얼마든지 찾을 수 있다. 다발성경화증을 앓
고 있는 한 나이 든 여자분이 노인들 집으로 도시락 배달 봉사를
하게 되었다. 그러면서 사람들이 아직 자기를 필요로 한다고 느
꼈다. 삶의 의미를 되찾았다. 그녀는 같이 일하는 자원봉사자에
게 말했다. "이제 이 일이 제 삶의 중심이에요. 할 수 있을 때까
지 하고 싶어요"(Zeman 115). 여기에서 마리 폰 에브너에셴바흐가

한 말이 진리임이 드러난다. "우리가 부축해 주는 사람들이 우리 삶을 받쳐 주는 기둥이 된다"(Zeman 115 참조). 노년에 풍성한 열매를 거두려면 능동적인 사회참여와 더불어 고독과 고요와 휴식을 다루는 능력 이 두 가지가 모두 필요하다.

칼 라너는 노년의 중요한 과제를 언급한다. 바로 구세대와 신세대 사이에 다리를 놓는 일, 두 세대를 중개하는 일이다. 나이 들었다고 사회 바깥쪽으로 물러서지 말고 사회 한가운데서 자기들의 경험을 나누어야 한다. 다만 노인들은 젊은이들을 흉내 내려 하지 말고 자기가 나이 들었다는 사실을 의식해야 한다.

어린아이들이 노인을 따르는 모습을 요즘 자주 본다. 손자·손녀들은 할아버지와 할머니에게 가는 걸 좋아한다. 평가를 받지 않기 때문이다. 할아버지와 힐머니 앞에서는 그냥 있는 그대로여도 된다. 할아버지나 할머니가 부모와 아이들 사이에서 중재자 역할도 한다. 정계에서도 은퇴한 정치가가 임금 협상 자리에 초청되는 경우를 자주 본다. 경험 많은 사람이 상반된 양쪽 의견을 조정하고 미래를 향한 길을 찾아 주도록 하기 위해서다.

연결해 주고 화해를 돕는 지혜로운 노인만 있는 것은 아니다. 분노하는 노인도 있다. 그는 다른 사람의 눈치를 보지 않고 자기 의견을 가감 없이 말한다. 사람들은 그런 노인의 말에 귀 기울인다. 그의 항거가 자기를 표현하려는 것이 아니라 문제 해결을 위한 솔직한 의견임을 알기 때문이다.

오늘날 노년을 다채롭게 보낼 수 있는 가능성은 많다. 예전보다 기회가 많이 늘어났다. 대학에 노인들을 위한 강좌가 개설되었고, 철학과 신학에 관해 토론하는 노인 모임도 있다. 교회가 운영하는 평생교육원에 가면, 우리 시대가 안고 있는 문제에 대해 관심을 갖고 활발하게 토론하는 노인들을 만날 수 있다. 여행을 즐기는 노인들도 있다. 직장 생활을 하는 동안에 해 보지 못한 여행을 나이 들어서야 즐기는 것이다. 그들은 세상과 이 세상을 결합시켜 주는 것에 대해 관심을 가진다. 음악회나 연극을 즐기는 노인도 있다. 그들은 문화와 그 가치를 지키는 사람들이다. 나이 든 사람들은 더 잃을 것이 없으므로 삶을 실제로 지탱해 주는 것에 마음을 연다. 그들은 일반적으로 타당하다고 알려진 것들의 배후에 물음을 던진다. 시대에 뒤떨어진 사람으로 사는 게 아니라 자신을 표현해야 한다는 압박에서 자유로워진 사람으로 산다. 그들에게는 인간의 미래나 세상이 주요 관심사다.

독일 아이펠의 소박한 농가 출신인 어머니가 노인이 되셨을 때 나는 그분이 새로운 개방성과 자유에 다다르는 모습을 보았다. 어머니는 당신이 어렸을 때 금기시되던 많은 주제에 큰 관심을 쏟으셨다. 내 누이와 대화하면서 동성애에 대해 자세히 알고 싶어 하셨다. 어렸을 때 편협하다고 할 만한 교리 교육을 받으신 분이었는데도 동성애에 대해 교의적으로 생각하시지 않았다. 어머니는 자신이 받은 교육보다 자신의 느낌과 경험에 더 많이 의

존하셨다. 무엇이 옳다 그르다 판단하지 않고 마음을 열고 삶을
이해할 준비가 되어 있으셨다.

　나는 수도원의 늙은 수도자들에게서 삶의 다채로움을 여러 가
지 형태로 경험한다. 나와 같이 수도원 행정실에서 일하는 사람
가운데 86세의 코르넬리우스 수사가 가장 나이가 많다. 그는 제
2차 세계대전 때 큰 부상을 입었고 혹독한 포로 생활을 견디고
살아남았다. 부상으로 몸에 장애가 있지만 날마다 수도원 행정
실에 나와 몇 시간 동안 일하면서 서류 작성을 돕고 사람들을 맞
이한다. 연금이나 건강보험에 관해 상의하는 사람들을 도와주면
서 일종의 사목 활동도 하고 있다. 그들이 안고 있는 문제에 대
해서도 이야기를 나눈다. 행정실 직원의 생일에 간소한 파티가
열리면 전후 어렵던 시절에 대해 이야기하곤 한다. 목수였던 그
는 사전 교육도 없이 행정실에서 일하라는 지시를 받았다. 시간
이 흐르면서 그는 보험 전문가가 되었고 사람들은 그에게 사주
조언을 구했다.

　마르틴 수사는 오랫동안 베네수엘라에서 수도원과 부설 학교
기숙사에서 요리사로 일했다. 저녁 시간에 그는 자신의 경험을
이야기하곤 했다. 꾸밈없이 있는 그대로 묘사했다. 선교 사업이
이상적인 것만은 아니었다. 베네수엘라에서 겪었던 많은 인간적
문제에도 불구하고 그는 자기 신앙의 길을 포기하지 않았다. 마
지막 순간까지도 인간에 대해 관심을 기울이고 마음을 열었다.

꽤 연로할 때까지도 노래 부르기를 즐겼다. 매일 수도원에서 드리는 합창 기도는 그의 마음을 살아 움직이게 했다. 그가 병원에 입원했을 때 옆 침대에 자칭 '공산주의자'며 교회에 대해서는 일말의 관심도 없다는 사람이 누워 있었다. 그럼에도 두 사람은 사이좋게 지냈고 퇴원 후에도 오랫동안 연락하며 지냈다.

아우구스티누스 신부는 내 수련기 지도 신부였다. 그는 탁월한 파이프 오르간 연주자였으며 수십 년 동안 우리 수도원의 파이프 오르간 음악에 결정적 영향을 미쳤다. 그의 파이프 오르간 음악은 미사에 영적 깊이를 더해 주었다. 선종 전 몇 년간 그는 매일 점심 식사 후에 혼자 성당에서 악보도 없이 파이프 오르간을 연주했는데 즉흥 연주를 많이 했다. 이를 알고 있던 몇몇 수도원 손님들은 성당 한구석에 숨어 그의 연주에 귀를 기울였다. 그들은 아우구스티누스 신부의 음악에 성령이 깃들어 있으며 신비로운 고요함이 있다고 느꼈다. 내가 책을 쓰기 시작하자 아우구스티누스 신부는 책이 나올 때마다 한 권씩 달라고 청했다. 나는 그가 내 책을 다 읽는다는 걸 알고 있었다. 한번은 내게 늙는 것이 이렇게 어려운 줄 몰랐다고 말했다. 그 말을 하는 그의 얼굴은 선함과 자비로 빛났다. 건축 계획 때문에 수도원에서 회의가 있었다. 논쟁이 상당히 격렬해지자 나는 내 의견을 포기하기로 작정하고 있었다. 그때 아우구스티누스 신부가 용기를 북돋아 주면서 논쟁의 열기에 휘말리지 말고 내 생각을 계속 펼쳐 보라고 독려하셨다. 수도원 회의에서 신학과 미사 전례에 대한 의견을 나누던 중에 그가, "중요한 건 그게 아닙니다. '내가 미사에서 행하는 것을 스스로 믿는가?' 나는 50년 전부터 이것이 가장 결정적인 물음이라고 생각하고 있습니다" 하고 말했다. 그러자 갑자기 회의 분위기가 완전히 달라졌다. 아우구스티누스 신부의 매우 사적인 의견이 토론을 본질적 핵심으로 이끌어 주었다.

무엇이 중요한가를 몇 마디로 지적해 주는 이런 노인들이야말로 모든 공동체, 가정, 도시, 나라 전체를 위한 축복이 아닐 수 없다.

5장 함께 늙어 가기

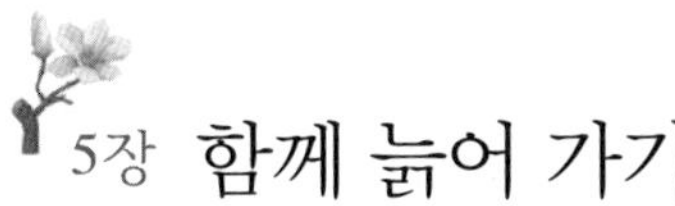

소외감을 느끼며 사회에서 격리되었다고 느끼는 노인이 많다. 양로원에 '떠밀려' 들어와 산다고도 생각한다. 잘 늙으려면 타인과의 친교가 필요하다. 여기에는 다양한 방법이 있다. 우선 다른 노인들과 교류하는 것이 좋다. 이제 퇴직했으니 옛 친구에게 다시 마음을 쓰고 사람들과 즐길 시간이 많아졌다. 함께 노년을 즐기면서 추억을 이야기하고 서로의 말을 경청할 수 있다.

어머니는 여러 해 동안 본당 부인회 회장을 맡으셨다. 부인들은 매주 월요일에 모여 커피를 마시며 대화를 즐겼다. 이 자리에서 그들은 지난 생에 대해 이야기를 주고받았다. 그들에게 이 시간은 심리치료 시간이나 마찬가지였다. 서로 솔직하게 옛일을 이야기했으며 미화할 필요가 없었다. 그런 식으로 모두가 서로의 말을 경청했다. 해묵은 마음의 상처들이 대화를 나누며 치유되었다. 그들은 다른 사람의 삶에 깊은 관심을 보이면서, 나이 들수록 점점 늘어나는 병과 일상의 이런저런 불편함에 대해 서로 동정하고 가엾게 여겼다. 그래서 그들은 고독하지 않았다. 함께 늙어 가는 일은 부부의 과제이기도 하다. 서로 잘 이해하고 오랜 세월이 흘러도 여전히 다정한 사랑을 나누는 아름다운 노부부를 많이 볼 수 있다. 늙어서도 부부 사이가 원만하려면 배우자의 몸과 영혼의 건강이 어떠하든 그를 동행하겠다는 마음의 준비가 근본적으로 되어 있어야 한다.

부부가 더불어 살기란 결코 쉬운 일이 아니다. 퇴직 후 부부 사이에 위기가 닥치곤 한다. 남편과 아내는 수십 년 동안 직장 생활 리듬에 따라 살았다. 남편은 아침에 나가 저녁에 들어왔다. 아내는 낮 시간을 마음대로 썼다. 혹은 자기도 직장에 나갔다. 그런데 이제는 하루 종일 두 사람 다 집에 있다. 이것이 아내를 답답하게 했다. 이런 상황에서 부부가 싸우지 않고 원만한 관계를 유지하려면 둘이 함께 보내는 시간과 거리를 두는 시간을 새롭게 조절해야 한다. 남편은 소일거리를 만들어, 아내만 쳐다보면서 사사건건 참견하지 않아야 한다. 배우자 각자가 자신을 위해 잘 살 수 있어야 부부 사이도 바람직하게 유지되는 법이다.

노부부는 자식들에 대해서만이 아니라 자신에 대해서 이야기하는 법을 새롭게 배워야 한다. 그렇게 할 때만 노년에도 부부 사이는 배우자에게는 물론 자녀들에게도 축복이 된다. 서로를 있는 그대로 받아들이려면 인내가 필요하다. 고해성사 때 부부 사이가 지긋지긋하다고 한탄하는 부인들이 종종 있다. 남편은 혼자 어떤 일에 몰두하지 못한다. 자신에게 만족하지 못하며 자신의 불만을 아내에게 전가한다. 그는 아내를 자기 소유라고 여기며, 오랜 세월 동안 아내가 자신의 개성을 찾아 성장했다는 사실을 인정하지 않는다. 이런 상황에서 남편이 태도를 고치지 않으면 부부 사이는 지옥이 된다. 그렇기 때문에 특히 노부부들에게는 외부의 도움이 필요하다. 그래야 여러 부족함에도 자신을 받아들일 줄 알게 되며 상대방을 받아들일 능력을 키워 간다. 그린 부부는 여생을 감사하며 보낸다. 에파 예기는 노년에 더불어 살지 못하면 부부 사이가 어떤 모습이 되는지 묘사한다.

많은 부부 사이에는 권태라는 음울한 유령이 숨어 있다. 직장에 다닐 때는 이것을 제대로 깨닫지 못했다. 그런데 이제는 너무도 분명해졌다. 권태는 그보다 더 음울한 말다툼이라는 유령을 불러오기 마련이다. 오래전에 덮어둔 일들이 되살아난다. 특히 아내는 지난 일에 대해 비난을 퍼붓는다. "당신은 아이들이 어렸을 때 돌봐 줄 생각은 안 하고 밖으로만 다녔어요." "당신이 절약했더라면 지금 형편이 더 나을 거예요."(Jaeggi 73)

나이 든 부부가 자기 주위만 맴돌면서 자기를 넘어서는 과제에 임하지 못하면, 특히 부부 사이에 대해 한 번도 진지하게 성찰하지 않는다면 오랜 세월 억눌러 온 갈등이 고개를 들게 되고 둘의 삶은 점점 더 힘들어진다. 자식들은 부모가 자나 깨나 서로에게 퍼부어 대는 비난을 더는 듣고 싶지 않기 때문에 부모에게서 멀어진다. 억지로 부모님을 찾아뵙는다고 털어놓는 딸이 많다. 아버지는 끊임없이 어머니 흉을 보고, 어머니는 끊임없이 아버지에 대한 불만을 토로한다. 두 사람 다 딸을 자기 편으로 만들려고 한다. 그들 둘이 힘을 모아 갈등을 해결할 능력은 없다. 결국 늙은 부부는 점점 더 고독해지고 몇 시간 동안 고래고래 소리 지르며 비난을 퍼붓곤 한다.

간혹 젊은 부부가 나를 찾아와 그들의 노부모가 다른 사람들과는 만나지 않고 가족에게만 관심을 집중하는 것이 고역이라고 하소연한다. 나이 어린 자녀를 둔 젊은 부부에게는 힘든 일이다. 그들은 친교와 인간관계에 대한 노부모의 모든 욕구를 충족시켜 주어야 한다. 그러나 노부모가 운동이나 여행, 카드놀이, 친목 모임, 소풍, 문화 행사 등을 하면서 다른 사람들과 만나게 되면 젊은 부부는 부담을 덜게 된다. 노인에게도 외부와의 접촉은 좋은 영향을 미친다. 또래와 만나면 편하고 일상의 불편함을 터놓고 이야기할 수 있으며 그 불편을 더 잘 견딜 수 있다.

양로원에 사는 노인 가운데 자식들이 자기를 양로원에 맡겨

버렸다고 생각하는 이들이 있다. 그러나 요즘 양로원은 새로운 가능성을 모색하고 있다. 노인들을 그룹으로 나누어 함께 살게 하면서 공동체, '가족'이라고 느끼게 해 준다. 노인들에게 가족의 일원으로 한가족처럼 식사, 청소, 실내 장식을 직접 해 보라고 권한다. 양로원 직원들이 도와주기는 하지만 노인들 스스로 자기 생활을 꾸려 가고 있다는 느낌을 갖도록 배려한다.

규칙적인 의식儀式들도 양로원 생활에 일정한 틀을 부여한다. 이는 노인들에게 집과 같은 안온함을 선사한다. 같이 살 가족이 없는 노인들에게 질 높은 생활을 영위하게 하고, 그들이 새로운 관계에서 가족을 느낄 수 있도록 해 주는 것은 오늘날 양로원이 지닌 중요한 과제임이 분명하다.

세대 간의 관계도 중요하다. 대가족 시대에는 노인들이 설 자리가 분명했다. 농촌에서는 더욱 명확했다. 할아버지는 손자·손녀를 돌보면서 힘 닿는 대로 농사일도 거들었다. 나이가 더 들면 좀 더 쉬운 일을 맡아 해 냈다. 할머니는 며느리나 딸이 가급적 많은 시간을 농사일이나 가축 돌보는 일에 전념할 수 있도록 살림을 도맡았다. 노인들은 기력이 허락하는 한 일할 수 있었다. 이것이 그들에게 활력을 주었고 아직 필요한 사람이라고 느끼게 했다. 물론 노인들이 자기가 가진 권력에 집착하고 모든 일을 자기 마음대로 결정하려고 할 때는 갈등도 있었다. 어떤 일을 결정하려 하지 않고 그저 함께 일하는 것은 노인들에게 항상 정신적 성찰을 요구했다. 노인들은 조언을 청하면 도와주었지만 젊은 세대의 생각대로 농촌 살림을 이끌어 가게 했다. 농촌의 삶은 생활공동체이자 사업 공동체였다. 이것이 가족의 단결을 장려했으며 노인들이 훌륭하게 늙어 갈 수 있는 바탕이었다.

오늘날 이런 구조는 드물다. 노부모는 대부분 자기 집에서 산다. 그러다 부모가 혼자 살 수 없게 되면 자식들은 부모를 자기 집에 모실지, 양로원에 모실지 고민한다. 이때 여성들이 큰 몫을 한다. 그들은 친정 부모뿐 아니라 시부모 간병까지도 맡는다. 자신을 혹사할 때도 있다. 혼자 얼마나 간병할 수 있을까, 어느 선에서 간병인의 도움을 받거나 부모를 병원에 모실지 결정하기란 결코 쉬운 일이 아니다. 오랫동안 집에서 간병하는 것은 가족 모두에게 무리다.

누르시아의 베네딕도는, 수도자들은 죽을 때까지 수도원에서 살아야 한다고 규정했다. 그가 요구한 이 '정주'(stabilitas)는 늙은 수도자들에게 큰 축복이다. 그들은 자기가 어디에 속하는지 알고 있다. 수도원은 늙은 수도자를 양로원에 떠맡기지 않는다. 수도자들은 하고 싶을 때까지 수도원 일을 거들 수 있다.

이것이 많은 수도자에게 활력을 준다. 물론 한계에 도달한 사람은 일을 그만둘 수 있다. 이때 나는 다양한 반응을 본다. 어떤 수도자는 자기를 생각하고 자기 몸을 아끼고 돌본다. 어떤 수도자는 할 수 있는 때까지 공동체를 위해 일한다. 죽기 직전까지 수도원 묘지를 관리하고 정성껏 돌본 수도자도 있다. 어느 날 그가 묘지에서 땀 흘리며 일하는 모습을 수도원에 온 손님이 보고는 이제 다른 사람에게 맡기고 쉬는 게 어떠냐고 물었다. 그러자 그는 "우리 수도원에서는 일하거나 죽거나 둘 중 하나밖에 없어요" 하고 대답했다. 이 말이 다른 수도자들에게 규범이 될 수는 없지만 이런 자세는 마지막 순간까지 그에게 삶의 기쁨을 선사했다. 그는 자신이 필요한 존재라고 느꼈다. 묘지 관리는 그가 좋아하는 일이었고 묘지에서 일하면서 그는 자기보다 먼저 떠난 수도자들을 생각하곤 했다. 노년에도 그는 앓아 누운 적이 없었고 임종 직전에 수도원 병실로 들어갔다.

우리 수도원 병실에서 간병을 받는 수도자들은 매일 수도원장과 부원장, 다른 수도자들의 방문을 받는다. 그래서 그들은 수도원 근황에 대해 자세히 알고 있다. 병석에 누워 있지만 다른 수도자들과 연대감을 느낀다. 그들은 일하고 있는 모든 수도자를 위해 기도하는 것이 공동체를 위한 자신의 과제라고 여긴다. 늙은 수도자들은 공동체와 우리 수도원에 입회하고자 하는 젊은이들을 위해 매일 오후에 자진해서 묵주기도를 바친다.

노년에는 병석에서도 의미를 찾는 것이 중요하다. 그들의 기도는 공동체를 위한 축복이 된다. 병든 사람은 자신이 남에게 부담만 주는 처지가 되었다고 느낀다. 이때 기도는 병든 사람에게 자신이 공동체, 가족, 자식, 손자·손녀들을 위해 중요한 존재임을 느끼게 해 준다. 공동체는 노인들의 기도에 힘입어 산다. 초대교회 때부터 그랬다. 과부들은 공동체를 대신해 기도하고 전구傳求하며 하느님을 찬양했다. 교회는 과부들의 기도에서 공동체를 위한 축복이 나온다는 사실을 알고 있었다.

자녀들이 노부모를 모시든 부모가 따로 살든 양로원에서 지내든, 늙는 것은 당사자들 뿐 아니라 우리 모두의 과제다. 우리는 할아버지, 할머니가 노쇠해 가는 모습을 본다. 이는 우리도 항상 늙음을 직시하라는 도전이기도 하다. 우리가 노인들에게서 보는 것을 언젠가 우리도 겪을 것이다. 그들 안에서 우리는 자신의 노년을 본다. 노인들을 보면서 우리는 늙어 감을 심리적으로 억압해 버릴 것인가 아니면 바람직한 형태로 받아들일 것인가라는 물음 앞에 선다. 노인의 모습에서 자신의 모습을 자각한다.

화가 오스카 코코슈카는 렘브란트의 마지막 자화상을 본 소감을 이렇게 표현했다.

너무도 역겹고 망가진, 끔찍하고 절망스러운, 그러나 너무도 놀라운 그림 앞에 서 있었다. 그리고 갑자기 깨달았다. 소멸해 가는 자신을 거울 속에서 바라볼 수 있다니! 허무를 보다니! 자신을 인간의 허무로서 그리다니! 이 무슨 기적이며 이 무슨 작품인가! 나는 거기에서 용기를 얻어 새로운 젊음을 발견했다(Nouwen, *Zeit* 62 이하 참조).

코코슈카에게 늙은 렘브란트의 자화상은 자각의 원천이자 새로운 희망과 젊음의 원천이었다. 그러므로 열린 마음과 솔직한 태도로 자아상自我像을 제시하는 노인들은 우리에게 새로운 삶을 선사할 수 있다. 헨리 나웬도 렘브란트의 작품들에 매혹되었다. 그는 렘브란트의 여러 자화상에 대해 이렇게 말한다.

> 렘브란트는 인간 본질의 신비에 다다르고 싶다면 자아 안으로, 자아의 어두운 지하로, 또한 밝은 공간으로 들어가야 함을 알고 있었다. 그는 가장 개인적인 것이 가장 보편적인 것임을 깨달았다. 나이가 들수록 그는 인간적 체험의 핵심을 분명하게 붙잡을 수 있었다. 이 핵심에서 고난 가운데 있는 개인이 자아를 깨닫고 "새로운 젊음"을 향해 나아갈 용기를 발견할 수 있다(Nouwen, *Zeit* 63).

렘브란트의 자화상에서 우리는 자신을 본다. 그러면서 자신의 노쇠함과 화해하라는 부름을 듣는다.

노인들과 함께 살면서 늙어 가는 그들을 동행하고자 할 때 먼저 늙어 가는 '나'와 만나야 한다. 노인을 친절하게 대하는 일만 중요한 것이 아니다. 자신도 늙는다는 것에 대해 충분히 성찰하고 이를 받아들일 때만 노인들과 좋은 관계를 맺을 수 있다.

노인들의 아픈 이야기가 숨기고 싶은 내 마음속 묵은 상
처를 파헤친다면 어떻게 그들의 이야기를 들어 줄 수 있
겠는가? 나의 늙어 가는 자아가 그들과 함께 어울릴 수
없다면 어떻게 노인들에게 친구가 되어 줄 수 있겠는가?
상처받기 쉬운 자아에 두려움과 맹목의 갑옷을 씌우고서
어떻게 노인들이 살아오면서 받은 상처를 부드럽게 어루
만져 줄 수 있겠는가?(Nouwen, *Zeit* 64).

삶의 의지가 없는 노인들, 회한에 가득 찬 노인들, 살면서 불공
평한 대우만 받았으며 하느님에게 버림받았다고 불평을 늘어놓
는 노인들을 어떻게 도울 수 있느냐는 질문을 종종 받는다.

완벽한 해결책은 없다. 먼저 노인이 우리에게 하는 이야기를
판단하지 않고 들어야 한다. 그런 이야기는 여러 번 들어 식상하
다는 얼굴을 하지 말고 관심을 보여야 한다. "그때 어떤 느낌이
었습니까?" "그 고통을 어떻게 견디셨습니까?"라고 물어볼 수도
있다. 상대방이 자신을 진지하게 받아들인다고 느끼면 아픔은
수그러들고 노인도 언젠가는 한탄하지 않을 것이다. 이런저런
일을 어떻게 보고 어떻게 이해하는지 물을 수도 있다. 이런 물음
은 노인에게 깊이 생각하고 삶에 대해 성찰할 기회를 준다.

도덕이나 교훈을 내세우면서, 경건한 그리스도인으로서 고통
을 긍정할 줄 알아야 하지 않겠느냐고 노인을 비난하는 일은 절

대 없어야 한다. 이제 신앙의 모범이 되어야 하지 않겠느냐는 말도 옳지 않다. 이런 말들은 우리가 노인을 이해하지 못한다는 느낌을 불러일으킬 뿐이다. 노인은 우리가 요구하는 것을 들어줄 수 없다고 양심의 가책을 느낄 것이다. 우리가 그의 고통과 회한에 관심을 갖고 마음을 열 때만 그의 마음속에서 무언가 달라진다. 그의 고통을 인정하는 데 그쳐서는 안 된다. 나아가 이렇게 물어야 할 것이다. "이제 그 고통을 어떻게 대하실 생각입니까?" "과거에 사로잡혀 휘둘리고, 당신을 상처 입히고 실망시킨 사람들이 당신 마음을 죽을 때까지 아프게 하도록 놓아둘 생각입니까?" 그런 다음에야 노인에게 지난 일을 놓아 버리고 묻어 버리라고 요구할 수 있다. 그때야말로 노인은 남들에 의해 사는 것이 아니라 자신의 삶을 살게 된다.

노인이 공동체나 가족과 밀접한 연관을 맺고 살아도 고독을 느끼고 또 이를 견뎌 내야 하는 것을 막을 수 없다. 그러나 공동체가 그를 붙들어 줌으로써 고독을 받아들이는 데 도움이 된다. 에파 예기는 이렇게 말한다.

고령의 노인들은 버림받았다고 느낀다. 병과 죽음이 다른 사람들을 앗아 갔으며 자기는 쓸모없는 사람이고 진작에 죽었어야 했다고 느낀다. 이는 노인들에게 주어진 최후의 시련이며 어떤 이들에게는 살면서 견뎌야 할 가

장 혹독한 시련인 것 같다. 이럴 때 핵가족의 울타리를
넘어서는 가족의 끈이 단단하게 노인들을 묶어 줄 수 있
다면 더 바랄 것이 없으리라!(Jaeggi 128).

노인이 자신을 무력하고 쓸모없는 사람이라고 느낄지라도 가족은 노인의 덕을 많이 입고 있다는 사실을 안다. 공동체의 문화 수준은 그 공동체가 늙고 힘없는 사람들을 어떻게 대하는지 보면 알 수 있다. 아직 말해 줄 것이 남아 있는 사람으로서, 남에게 의존해서 살지만 그 삶이 축복일 수 있는 사람으로서 노인들이 소중하게 여겨질 때 젊은 사람은 많은 것을 배운다. 노부모는 알게 모르게 모든 것을 결속시키고 지탱해 주는 가족의 중심이다. 이렇게 노인에게서 모든 이를 위한 축복이 흘러나온다. 물론 노부모가 혼자 잘 견디는 법을 배우고 나서야 가능한 일이다. 노부모가 온 가족이 자기를 돌봐 줘야 한다고 요구한다면 가족은 함께 사는 노부모에게 감사하는 마음을 갖기 힘들 것이다.

아흔여섯 된 시어머니가 며느리에게 말했다. "젊은이들은 밖으로 나가고 노인들은 침대에 누워 있지. 그러면 난 또 혼자야." 혼자 있는 일은 쉽지 않다. 그러나 혼자 있는 게 아무리 고통스럽더라도 이를 받아들임으로써 가족 구성원이 각자의 삶을 살도록 허락할 수 있다. 노인과 젊은이들이 각자의 삶을 살도록 서로 허락하고 서로의 부족함을 채워 주며 살게 된다.

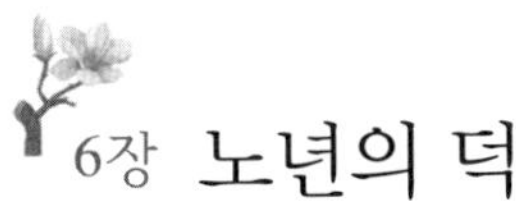

6장 노년의 덕

잘 늙으려면 몇 가지 덕이 필요하다. 독일어 '덕'(Tugend)은 '쓸모 있다'(taugen)라는 동사에서 나왔다. 저절로 '쓸모 있게' 늙는 건 아니다. 노년에도 자신을 지탱해 주는 몇 가지 태도를 연습해야 한다. 유다교와 고대 그리스의 지혜가 담긴 집회서에는 노년에 닦아야 할 덕이 열거되어 있다.

> 백발 노인으로서 판단력이 있고, 원로들로서 건전한 의견을 줄 수 있다는 것은 얼마나 좋은가! 노인들의 지혜와 존경받는 사람들의 지성과 의견은 얼마나 좋은가! 풍부한 경험은 노인들의 화관이고, 그들의 자랑거리는 주님을 경외함이다(집회 25,4-6).

여기에서는 노인의 자랑거리가 되어야 할 중요한 덕이 열거되어 있다. 이는 잘 늙어 가기 위해 필요한 덕이기도 하다. '분명한 판단력'과 '유익한 충고'는 저절로 생겨나는 것이 아니다. 늙어서 자아에서 자유로워진 사람은 사물을 있는 그대로 볼 수 있다. 그런 사람은 분명하게 판단하고 유익하게 충고해 줄 능력이 있다. 노인은 어떤 상황에서 근본적인 문제가 무엇인지 더 분명하게 본다. 풍부한 인생 경험 덕분에 상황을 더 잘 해석할 수 있다. 우리가 인생을 얼마나 잘 이끌어 가느냐는 실제 사실보다 사실에 대한 해석에 더 많이 의존한다. 이때 노인의 해석이 젊은 사람에게 많은 도움이 된다.

성경은 지혜, 신중, 통찰을 가장 중요한 덕으로 보았다. 예언자 이사야는 이 세 가지가 주님의 영이 주시는 은사라고 말한다(이사 11,2 참조). 우리가 진정으로 지혜롭고 신중하게 되려면, 세상과 인간 삶의 더 깊은 인과관계를 볼 수 있는 통찰력을 얻으려면 주님의 영의 도움이 필요하다. 이런 덕은 노인들에게만 좋은 것이 아니라 사회 전체에게도 축복이다.

철학자들은 인간의 삶이 성취되는 데 필요한 수많은 덕을 제시했다. 이 덕은 모두 훌륭하게 늙어 가는 데 도움을 준다. 모든 덕을 다 열거하지는 못하고 내가 노년에 특히 필요하다고 여기는 몇 가지 덕만 다루고자 한다. 이 덕들은 가만히 앉아 있으면 우리 품으로 떨어지는 것이 아니다. 우리가 끊임없이 구해야 할

것들이다. 은총이자 과제다. 덕이 우리가 늙어 가는 데 도움을
준다면 덕을 얻으려는 노력 또한 은총의 선물이 된다.

평정

작가 만프레드 하우스만은 평정平靜을 성숙함의 덕이라 했다.

> 평정은 삶에 지친 사람이 고립되어 근근이 살아가는 자
> 세를 뜻하지 않는다. … 냉정한 태연함, 무관심한 태도도
> 아니다. 적당한 극기에 근거를 둔 감정 결핍 또는 감정
> 억제에서 나오는 '그 무엇에도 흔들리지 않는' 태도는 세
> 상에 대한 경멸, 체념, 잘못된 태도로 표현될 수밖에 없
> 다(Gründel 120-121 참소).

평정은 앞서 상세하게 다룬 '놓아 버리기'와 관련 있다. 이 자세
의 핵심은 자신과 자신의 삶을 놓아 버리고 하느님에게 자신을
맡기는 것이다. 특히 병과 죽음을 경험할 때도 하느님에게 자신
을 맡기는 것이 중요하다. 삶의 이런 상황에서 자신을 하느님의
손에 맡기는 일은 마음의 평화를 준다.

평정은 사물을 있는 그대로 둔다는 뜻이기도 하다. 내가 현실
을 바꿀 수는 없다. 다른 사람을 바꾸려 하지 않고 그냥 둔다. 그
들을 변화시켜야 한다는 강박 없이 바라볼 뿐이다. 평정은 관용

과 관련 있다. 다른 사람을 있는 그대로 두는 것이다. 내가 그들을 바꿀 필요는 없다.

에파 예기는 상대하기 힘든 사람들에 대해 불평할 때마다 "인간은 부족한 존재임을 잊지 말라"(Jaeggi 129)고 조언하는 지혜로운 노인에 대해 이야기한다. 자기 삶을 의연하게 바라보면서 체념하지 않고 신뢰에 가득 찬 마음으로 노년을 맞는 사람은 다른 사람도 있는 그대로 놓아둘 줄 안다. 그런 노인은 사람을 끌어당기는 힘이 있다. 그런 노인 옆에서는 부족하고 깨지기 쉬운 우리 존재를 판단받거나 비난받지 않고 있는 그대로 보여 줄 수 있다.

평정해지는 데는 시간이 필요하다. 평정과 조급함은 어울리지 않는다. 사물을 의연하게 대하려면 시간이 필요하다. 타인과의 대화나 만남에 마음을 열려면 시간이 필요하다. 스스로에게 시간을 허락하는 것은, 시간을 남김없이 이용하고 빈틈없이 짜여진 일정이 주는 압박에 자신을 던지는 것과 반대된다. 나에게 시간을 허락하면 시간의 지배에서 벗어난다. 나는 시간을 느낀다. 시간이 선물로 주어졌기에 이 시간을 즐긴다. 모든 일을 될수록 짧은 시간에 해결해야 한다는 강박에서 벗어난다. 시간이 흘러가게 놓아두면서 시간을 느낀다. 시간은 선물이다. 하느님과 나에게 속한 시간 안에서 나는 나 자신과 나의 참자아에 속한다.

자기 중심에 머무르는 사람이 평정한 사람이다. 그런데 우리는 자주 중심에서 벗어나곤 한다. 사소한 일로 몹시 흥분한다.

항상 사람들에게 둘러싸여 있고 그들에 의해 좌우되기 일쑤다. 의연하게 자기 중심에 머무르는 사람은 사람들의 다른 점을 볼 수 있다. 그런 사람은 다름을 알아차리지만 판단하지는 않는다. 사람들을 있는 그대로 두고 그들의 다름에 대해 기뻐한다.

자기 중심에 있지 못하는 사람은 다른 사람이 그를 밀어붙이면 막지 못한다. 얼마 못 가 사람들의 의견, 기대, 판단에 이리저리 끌려 다니면서 마음이 상한다. 평정한 사람이 되려면 자신을 거듭 느끼고 자신의 중심에 있으면서 다른 사람들을 있는 그대로, 그들이 있는 그 자리에 둘 줄 알아야 한다.

평정해지려면 스스로에게 거는 기대와 요구에서 자유로워져야 한다. 강박감을 안고 사는 사람이 많다. 무슨 일에서든 최고의 성과를 올려야 한다고 자신을 압박한다. 자신을 남과 비교하기도 한다. 자신이 처한 지금 순간에 마음을 열지 못한다. 사람들이 자기를 어떻게 생각하는지 골몰하느라 항상 마음이 딴 데가 있기 때문이다. 그런 사람은 지금 하고 있는 일에 몰두할 수 없다. 어떤 일을 할 때는 항상 저의를 품고 있다. 일에만 전념하는 것이 아니라 일로 자기 능력을 증명하며 남을 능가하려고 한다. 방해가 될 뿐인 이런 부차적인 생각 때문에 지금 손에 잡고 있는 일을 평정하게 대할 수 없다. 자신에게 머무르는 사람, 자신과 자신의 행위에 대한 판단에서 자유로운 사람, 그런 사람이 평정한 사람이다.

인내

인내의 덕은 평정과 여러모로 비슷하다. 평정한 사람은 인내심도 많다. 인내는 다른 것을 뜻하기도 한다. 그리스어 '인내'(*hypo-mone*)에는 '밑에 남다, 무엇을 짊어지다, 견디다, 참다, 물러서지 않다'라는 뜻이 있다. 인내는 삶을 받쳐 주는 기둥과 같다.

라틴어 '인내'(patientia)는 '고통'(pati)이라는 단어와 관련 있다. 그리스에서는 '많은 것을 참아 내는' 오디세우스가 인내의 모범이었다. 스토아철학은 '인내'를 견디기 힘든 일을 극복하게 해 주는 덕이라고 찬양한다. 또한 현자의 덕으로 여긴다. 교황 대★ 그레고리우스 1세는 인내가 모든 덕의 뿌리며 파수꾼이라고 말한다. 바오로 사도는 로마서에서 인내를 희망과 연결시킨다. "우리가 알고 있듯이, 환난은 인내를 자아내고 인내는 수양을, 수양은 희망을 자아냅니다"(로마 5,3-4). 인생의 모든 고뇌를 인내하며 견뎌 내는 사람은 확고하고 의연해진다. 그런 사람 마음속에서는 미래에 대한 희망이 자라난다. 아직 우리가 보지 못한 것이 오기를 바라고 있기 때문에 노년에 우리를 기다리고 있는 것을 인내하며 극복할 수 있다. "우리는 보이지 않는 것을 희망하기에 인내심을 가지고 기다립니다"(로마 8,25).

인내는 내가 다른 사람의 잘못과 결점 모두를 견뎌 냄을 뜻한다. 그러기가 쉽지 않다. 이는 고통을 의미하기도 한다. 다른 사람 때문에 고통스럽지만 나는 그 사람 곁에 있으며 그를 소중히 여긴다. 그 사람을 있는 그대로 받아들인다.

인내는 무엇보다도 인간관계에서 가장 중요한 덕이다. 공동체가 잘 이루어지려면 인내가 필요하다. 베네딕도는 『수도 규칙』 *Regula Benedicti*에서 수도승들에게 요청한다.

> 서로 존중하기를 먼저하고, 육체나 품행상의 약점들을
> 지극한 인내로 참아 견디어야 한다(*RB* 72,4-5).

노인들이 평화로운 관계 속에서 살려면 인내가 필요하다. 나이 든 사람은 크게 변할 수 없다. 그들은 서로를 있는 그대로 받아들여야 한다. 가족 중 젊은 사람도 인내심을 가져야 한다. 예컨대 항상 자제하고 근면하며 모범을 보이던 아버지가 늙어 긴장이 풀렸다. 식사 때도 그전처럼 예의를 지키지 않는다. 그렇다고 계속 비난한다면 아버지에게 상저만 줄 뿐이다. 손이 떨려 섬숲게 식사를 할 수 없어서 그가 얼마나 고통스러워하는지 우리는 모른다. 인내는 다른 사람을 받쳐 준다. 우리가 나이 든 사람을 인내로 견디면 그는 받아들여지고 지지받고 있음을 느낀다. 허약하지만 허약한 대로 우리 옆에 있어도 됨을 느낀다. 이것이 약함 가운데서도 그에게 안정감과 든든함을 선사한다.

노인은 무엇보다도 자신을 인내심을 가지고 대해야 한다. 이런저런 일들을 당장 해치울 수 없을 때 인내가 필요하다. 노인이

라고 잘 인내하는 건 아니다. 노인 가운데도 유난히 성급한 사람이 있다. 그들은 병원이나 슈퍼마켓에서 자기 차례를 기다리지 못한다. 그들은 기다릴 줄 모른다.

늘 친절하고 활달해서 내가 좋아하는 한 수도자는 늙을수록 예민해지고 성급해진다고 말했다. 그럴 때 인내의 덕을 의식적으로 훈련해야 한다. 노인은 자기가 모든 일을 그전처럼 빠른 속도로 처리할 수 있다는 잘못된 생각을 버려야 한다. 예전에 가졌던 안정성과 확고함이 이제는 사라졌다는 사실을 인정해야 한다. 어떤 일은 그전보다 더 오래 걸리고 몸의 여러 기능도 약해졌다. 노인은 자신을 견디는 법을 배워야 한다.

인내에는 유머도 필요하다. 노인이 자신의 약함을 깨닫고 이에 대해 웃을 수 있다면 주위 사람들도 가벼운 마음으로 그를 대할 수 있다. 헤르만 헤세는 노년의 덕인 인내에 대해 썼다.

> 노인들의 꽃밭에는 전에는 가꿀 생각도 못한 꽃들이 피어난다. 그중 하나가 아주 고귀한 꽃인 인내라는 꽃이다. 우리는 점점 더 느긋해지고 관대해진다. 간섭하고 행동하고 싶은 욕심이 적어질수록 자연의 생명과 주위 사람들의 삶을 바라보거나 경청할 수 있는 능력이 커진다. 모든 삶을 비판 없이 바라보고 삶의 다양성에 놀라워하며 그 삶이 우리 곁을 지나가는 모습을 때론 공감하며, 때론

조용히 아쉬워하며, 때론 웃고 기뻐하며 해학을 곁들여

그저 바라보기만 할 수 있다(Hesse 72-73).

인내의 본질은 사물을 판단하지 않고 있는 그대로 두는 것이다. 내가 어떤 것을 인내하면 나는 그것이 있는 모습 그대로여도 된다고 허락하는 셈이다. 인내심 많은 사람은 자신을 있는 그대로 견딘다. 그는 자신의 심신 상태와 결함을 허락한다. 판단하고 금지하지 않는다.

온유

사막교부 폰투스의 에바그리우스는 진정으로 신앙 깊은 사람의 특징은 바로 온유라고 했다. 온유는 노인을 완성한다. 늙어서 주위에서 일어나는 일들을 온유하게 대하는 사람은 주위 사람들을 끌어당긴다. 독일이 '온유'(Sanftmut)는 내 안에 있는 모든 것을 끌어 모을 수 있는 '용기'(Mut)를 의미한다. 내 삶을 형성하는 것을 하나도 배제하지 않는다는 뜻이다. 내 영혼의 다양한 범주와 내 안의 다양한 성격을 받아들이고 이를 모아들인다. 내 삶의 이야기 가운데 그 어떤 것도 제외하지 않는다. 모든 것이 내게 속하며 지금의 나라는 인간으로 만들고 있다.

온유의 신비는 루카 복음이 전하는 혼인 잔치의 비유에서 분명해진다. 초대받은 사람들이 아무도 오지 않는다. 집주인은 종에게 오기로 한 손님들 대신 가난한 이들, 장애인들, 눈먼 이들, 다리 저는 이들을 데려오라고 한다. 그런데도 아직 자리가 남아 있자 주인이 종에게 이른다.

> 큰길과 울타리 쪽으로 나가 어떻게 해서라도 사람들을
> 들어오게 하여, 내 집이 가득 차게 하여라(루카 14,23).

우리 모두는 예수님의 잔치, 즉 자기 됨의 잔치에 초대받았다. 이 잔치에 갈 때 우리는 내 안에 있는 모든 것을 가지고 가야 한다. 가난하고 허약한 모습, 기대와 달리 제대로 성장하지 못한 것, 기형인 모습도 가지고 가야 한다. 눈먼 것도 잔칫상 앞에 가져가야 한다. 우리가 보고 싶지 않은 숨겨진 부분도 초대해야 한다는 말이다. 다리 저는 것은 내적 속박과 억압, 두려움, 소심함을 뜻한다. 그리스도와 함께 온전해지는 잔치를 올리기 위해서는 이 모든 것이 초대받게 될 것이다. 그러고 나서 도시 바깥으로 나가 인생의 먼지 나는 흙길에서 만나는 모든 사람을 초대해야 한다. 인생에서 제외시켜 버린 것, 챙겨 갈 필요가 없다고 여기고 그냥 길거리에 버려두고 온 것들도 우리에게 속한다.

노인은 자기 기억 속에서 전 생애를 모아 예수님의 식탁으로 가져온다. 그를 이루는 모든 것이 서로 대적하지 않고 하느님과, 그리스도와 하나 되게 하기 위해서다. 이렇게 온유해진 사람은

자기 삶의 모든 부유함을 내면에 모아들였다. 그의 삶은 풍요롭고 너그럽다. 그는 다른 사람을 온유하게 대하며 비난하지 않는다. 다른 이의 성격이나 태도와 부딪칠 때는 이렇게 말할 것이다. "그것도 이 사람의 한 부분이다."

예수님은 혼인 잔치의 비유를 통해 사람 됨의 표징을 이야기하신다. 이 비유를 성찬의 표징으로서도 이해할 수 있다. 성찬의 잔치는 우리 내면에 흩어진 것들을 모아 거기에 그리스도의 몸이 남김없이 스며들게 하는 매일의 연습이다. 우리 안의 모든 것은 받아들여지고자 하며 그리스도의 영으로 채워져 변화되고자 한다. 특히 노년의 허약함과 병들어 고통스러운 상태도 받아들여지고 싶어 한다. 이 상태도 삶의 부유함에 속하기 때문이다.

내면의 모든 것을 다 모아서 하느님 앞에 내어 놓을 용기가 있는 사람은 진정으로 온유해지며 그런 사람에게서는 따뜻하고 부드러운 기운이 흘러나온다. 그는 다른 사람들에게도 자기 안의 모든 것을 인정하고 모으라고 격려한다. 그런 사람 곁에서는 다른 사람들도 자기 내면의 풍요를 발견한다.

온유한 노인들은 사람들로 하여금 그들과 대화하고 싶어 하는 마음을 불러일으켜 끌어당긴다. 이와는 달리 사람들을 비난하고 엄격하게 판단하는 완고하고 무자비한 노인들은 거부감만 일으킨다. 폰투스의 에바그리우스는, 성경이 그 어떤 사람보다도 온유하다고 한 모세를 모범으로 제시한다. 그리고 "나는 마음이 온유하고 겸손하니 내 멍에를 메고 나에게 배워라"(마태 11,29)고 말씀하시는 예수님을 가리킨다. 온유한 사람은 판단하지 않는다. 그는 사람을 있는 그대로 받아들인다. 그 내면에서 체험한 모든 것을 받아들였고 내면에서 모았기 때문이다.

자유

자유도 나이 들면서 훈련해야 할 덕이다. 직장 생활을 하던 젊은 시절에 비해 이제는 자유의 덕을 훨씬 더 쉽게 연습할 수 있다고 말하는 사람이 많다. 노인은 이제 남들의 기대에 부응할 필요가 없다. 그는 자기 의견을 자유롭게 말한다. 능력을 증명할 필요도 없다. 자기가 생각하고 느끼는 대로 말해도 된다. 남들이 생각하고 기대하는 것을 살피고 신경 쓸 필요가 없다.

이러한 속박 없는 상황이 큰 자유를 가져다준다. 이 자유 때문에 노인의 강연이나 그가 쓴 책이 귀중한 것이 된다.

> 자유는 삶을 여유롭게 바라보게 하며, 덜 공격적이면서
> 자발적으로 대하게 한다. 이러한 조건들 아래서만 비로
> 소 보이는 관점을 볼 수 있게 한다(Riemann 101).

노인들의 자유는 당연한 것이 아니다. 반대의 경우도 많다. 나이가 들면 사람들은 경직되고 완고해지기 쉽다. '노년의 고집'이라

는 말도 있다. 노년의 고집은 점점 더 심해지기 마련이다. 노년에 고집스러워지지 않으려면 자유를 향해 나아가는 훈련이 필요하다. 나이 들어 다른 사람들의 기대에서 자유로운 사람은 내적 독립과 만족, 행복으로 가는 길로써 자유를 경험한다. 그는 누군가에게 무엇을 증명해야 한다는 압박에서 자유로워졌다. 이제 자신의 능력을 증명할 필요가 없다. 자신에게 지금 모습 그대로 살아도 된다고 허락한다.

이 자유를 나는 어머니가 지도하시던 노인회에서 체험했다. 그곳에 모인 나이 많은 부인들은 자신을 그럴듯하게 보이려는 압박에서 자유로웠다. 자신의 인생에 대해 솔직하게 이야기를 나누었다. 마음이 자유로운 노인과의 대화는 즐겁다. 대화하다 보면 그들은 윤리나 도덕을 내세우지 않으며 판단하지 않는다는 인상을 받는다. 이런 노인들은 원칙과 합법성을 내세워 따지지 않는다. 그들은 젊은이들보다 자유롭게 사고한다. 자기가 얼마나 훌륭한가를 증명해야 한다는 압박에서도 자유롭다. 그들은 그냥 존재하며 살 뿐이다. 타인의 주목을 끌 필요가 없다. 그들은 다른 사람의 말을 경청하기 위해 마음을 비우고 있다. 상대방의 이야기를 판단하지 않고 그저 받아들인다. 자기가 들은 것을 마음속에서 헤아리면서 이를 이해하려고 노력한다. 그러다 마음의 자유를 얻지 못하고 자기 주위만 맴돌며 자기 이야기만 하고, 자기 말을 들어 줄 사람을 찾는 노인들을 만나면 불편하다.

진정으로 자유로운 노인들은 사회가 잘못된 길로 가는 것을 자유롭게 지적한다. 그들은 이제 같은 정당 동료나 윗사람을 배려할 필요가 없다. 그래서 자기가 생각하는 대로 말한다. 노인들의 이 자유는 사회를 위한 축복이 된다. 그들은 주위 사람들의 기대를 채워야 한다고 생각하는 사람들의 마음속에 자유의 씨앗을 심어 준다.

교회에서도 남들의 판단이나 자신이 볼 손해를 고려하지 않고 자기 생각을 말하는 노인들이 필요하다. 프란츠 캄프하우스 주교와 라인홀트 슈테허 주교가 그런 자유로운 노인이다. 그들은 교회에서 항상 자신의 심장과 일치하는 것을 선포했다. 캄프하우스 주교는 로마 교황청과 다른 주교들의 항의를 감수해야 했다. 그는 양심에 따라 행동했으며, 많은 사람에게 희망의 표징이 되었다. 그는 사고의 계발 가능성을 창출했고, 이 가능성은 자기 마음속에 있는 그대로 생각하고 말하라고 사람들에게 요청했다.

감사

감사의 덕을 배워야만 훌륭하게 나이 들 수 있다. 늘 불만에 가득 차 있으면서 손해만 보고 살았다고 느끼는 사람은 자기가 이루어 놓은 것을 결코 즐기지 못한다. 그런 사람은 지난날에 대한 기억을 감사하는 마음으로 즐길 수 없다. 지금 이 순간에 대해서도 진실로 즐길 수 없다. 프리츠 리만은 이렇게 말한다.

우리가 받은 것에 대해 감사하는 법을 새롭게 배워야 한다. 감사가 행복감을 준다는 사실을 다시 경험해야 한다. 감사는 우리를 넘어서는 관계 속으로 우리를 들여보낸다. 감사는 심장을 따뜻하게 하고 '좋은' 느낌을 향해 마음을 열어 준다(Riemann 14).

독일어 '감사하다'(danken)는 '생각하다'(denken)에서 왔다. 생각하는 사람만이 감사할 줄 안다. 레몽 생장은 감사를 "마음의 기억력"이라고 부른다. 감사하는 사람은 마음으로 생각한다. 그는 자신에게 날마다 선사되는 것을 알아본다. 감사할 줄 모르는 사람은 참사람이 아니다. 그런 사람은 생각하지 않고 자신에게 날마다 선사된 것을 잊어버린다. 많은 사상가는 감사할 줄 모르는 것을 가장 근본적인 죄라고 했다. 『탈무드』는 감사하지 않는 것은 도둑질보다 나쁘다고 말한다. 괴테는 "감사할 줄 모르는 건 나약의 한 형태다. 부지런하고 유능한 사람이 배은망덕한 경우를 나는 본 적이 없다"라고 했다.

감사는 사람을 정말 사람이게 한다. 감사할 줄 모르는 사람은 사람이 아니다. 고대 로마인은 감사에 대해 사색했다. 철학자 키케로는 감사가 인간의 가장 중요한 본성이라고 했다. 감사가 '평화'(concordia), 친교, 일치, 감정의 조화를 위한 전제 조건이라고 했다. 감사가 없으면 '인간성'(humanitas)이 위협받는다고 보았다.

감사할 줄 아는 사람이 우정을 나눌 수 있으며 친교를 이루며 살 수 있다. 감사를 모르는 사람은 불쾌하다. 마음 같아서는 상종하고 싶지도 않다. 감사를 모르는 사람 곁에 있으면 기분이 좋지 않다. 그런 사람을 만족시키기란 쉽지 않다. 그래서 거리를 둔다. 그런 사람에게서는 부정적이며 파괴적인 분위기가 나온다. 감사를 모르는 사람에게 별별 것을 선물해 봤자 소용없다. 그는 선물을 전혀 알아보지 못한다. 자기가 받은 것에 대해 고마워할 능력이 없다. 감사를 모르는 사람은 사람들의 마음이 어우러져 이루어 내는 조화로운 음률을 깨뜨린다. 그는 어울려 축제를 즐길 줄 모른다. 사실 기뻐할 능력이 없다.

키케로는 감사를 "모든 덕의 어머니"라고 했다. 고대 로마의 철학자 세네카는 "감사를 모르는 것이 모든 과오와 범죄의 뿌리"라고 했다. 로마인들은 감사를 갚는 것으로 이해했다. 내게 무엇을 준 사람에게 감사할 의무가 있으며 나도 그에게 무엇인가를 주어야 한다. 감사는 생각일뿐 아니라 행동이기도 하다.

그러나 이런 생각을 거래처럼 이끌어 갔다. 감사가 상업화되는 것에 맞서기 위해 키케로는 '감사하며 기억하기'(grata memoria)를 제안했다. 이는 지난 일을 감사하는 마음으로 기억하는 것 이상이다. 신조信條 같은 것이다. 감사는 삶에서 무엇이 정말 소중한 것인지 볼 줄 아는 눈이다. 이 마음은 소중한 것을 하나도 잃지 않도록 주의 깊게 살핀다.

노인들에게 감사는 기억과 연결되어 있다. 자기가 경험한 것을 감사하며 기억하는 사람은 노년에 만족감을 느낀다. 감사하며 옛일을 회상하면 그가 경험한 아름답고 선한 것들이 아무도 앗아 갈 수 없는 마음속 보물로 남는다. 지금의 아픔과 외로움도 이 보물을 앗아 가지 못한다. 감사하며 옛일을 기억하는 사람은 고독을 즐길 수 있으며, 지금 지내기가 좋지 않고 병 때문에 힘들더라도 감사할 수 있다. 그는 경험했던 많은 일에 대해 감사할 수 있다. 오늘 자기에게 베풀어지는 것에 대해서도 감사한다. 아침에 잠자리에서 일어날 수 있다는 것, 오늘 남들과 이야기를 나눌 수 있다는 것, 해가 떠올라 땅을 비추고 있다는 것, 자식들과 손자·손녀들이 바르게 성장하고 있다는 것에 감사한다.

사랑

프리츠 리만은 노년에 배워야 할 덕으로 사랑을 꼽는다.

노년에 우리가 배워할 덕은 새롭게 사랑할 능력이다. 노년에는 이기적인 사람이 되어 자신과 자신의 행복만 생각할 위험이 있다. 하지만 새롭게 사랑할 능력을 키울 기회도 있다. 자신을 너무 중요하게 여기지 않음으로써, 자신을 너무 중요하게 여길 필요가 없음을 받아들임으로써 사랑할 능력을 키울 수 있다. 정신분석학적으로 표현하

면 나르시시즘, 자기애, 아집을 버림으로써 이 능력을 키

울 수 있다(Riemann 95).

그전에 누리던 지위에 집착하고 넘겨주지 못하는 노인들을 볼 때마다 사랑할 능력이 연습되어야 함을 깨닫는다. 한 원로 심리학자는, 젊었을 때 성공을 거둔 사람들이 늙어서도 성공에 집착하고 점점 더 자아도취에 빠지는 것을 볼 때마다 놀란다고 말한 적이 있다. 그들은 자신의 명성에만 머물러 있다. 그런 사람들을 보면 살면서 이룩한 것을 노년에 다 망가뜨린다는 느낌이 든다.

이와는 달리 자신만 중요하게 여기지 않고 사랑 가득한 노인들을 만나면 감사하는 마음이 든다. 그런 노인들에게서는 사랑이 흘러나온다. 무엇을 만지든, 누구를 만나든 사랑한다. 얼굴을 보면 사랑이 발산되는 듯한 노인들이 있다. 그들의 얼굴은 늙고 주름투성이다. 그럼에도 사랑으로 가득 차 있다. 이 노인들은 사랑이 되었다. 그들에게서는 비난이나 판단의 그림자를 찾아볼 수 없다. 그저 상대방을 사랑으로 바라본다.

이는 꾸밈없는 정직한 사랑이다. 억지로 하는 사랑이 아니다. 그들은 살면서 많이 사랑했기 때문에, 자신의 삶을 사랑하는 법을 배웠기 때문에 이제 사랑이 되었다. 바오로 사도는 사랑은 우리를 온전히 충만하게 하는 강한 힘이라고 말한다. 바오로 사도의 이 말은 사랑이 된 노인들에게 해당되는 말이다. "사랑은 모

든 것을 덮어 주고, 모든 것을 믿으며, 모든 것을 바라고, 모든 것을 견디어 냅니다"(1코린 13,7).

이런 사람 곁에 있으면 편안하다. 그의 사랑은 상대방을 소유하려 하지 않고 자유롭게 놓아 준다. 그의 사랑은 안온함을 선사하고, 이해받고 있음을 느끼게 한다. 내가 나여도 된다는 자유를 느끼게 해 준다.

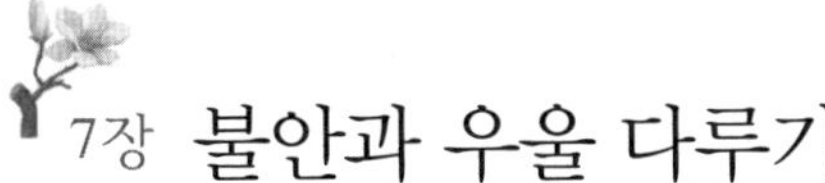

7장 불안과 우울 다루기

세상에는 사랑이 넘치는 노인들만 있는 것은 아니다. 노년에 불안과 우울에 시달리는 노인도 많다. 심리학에서는 이를 '노인성 우울증'이라고 부르는데, 평생 한 번도 우울증에 걸려 본 적이 있는 노인들도 우울증으로 고생을 많이 한다. 늙어서 불안과 우울에 시달리는 사람을 이렇다 저렇다 판단해서는 안 된다. 중요한 것은 이 새롭고 어려운 상황을 훌륭하게 대처하는 자세다. 불안과 우울에는 나름의 의미가 있다. 불안과 우울에 시달리는 사람들과 대화하면서 그 의미를 파악하는 일이 중요하다.

노인성 우울증은 자기 일과 능력으로 자신을 규정할 수 없을 때 생겨난다. 특히 남자들은 정년퇴직 후 우울증으로 고생한다. 일로 자신의 실존을 규정할 수 없기 때문이다.

우울증은 삶을 위한 새로운 기초를 발견하도록 도와주는 통로
와 같다. 새로운 기초를 발견하면 그전에 통용되던 가치들은 무
너지고 새로운 가치가 열린다. 많은 일을 성취하는 것보다 실존
자체가 중요해진다. 이런 새로운 자세에 다다르기 위해 가끔 우
울증이 필요하다. 우울증은, 내가 우울증만 아니라면 그전처럼
계속 붙잡고 싶은 것들을 놓아 버리게 만든다.

평생 많은 일을 이룬 한 부인이 자신의 우울증에 대해 이야기
하면서, 자신의 지금 상태가 만사를 일어나는 대로 그냥 두라고
요구한다는 사실을 깨달았다. 노년에 접어든 자기는 이제 업적
을 쌓을 필요도 없고, 일로 자신을 압박하거나 다른 사람들과 경
쟁할 필요도 없다는 것을 알게 되었다. 그저 세상 돌아가는 대로
바라보기만 하면 된다. 그렇게 하는 것만으로도 충분하며 노년
에 풍성한 열매를 맺을 것임을 깨달았다. 부인에게 우울증은, 많
은 일을 이루며 산 지난 삶과 이제 시작되는 전혀 다른 삶 사이
의 전환점 같은 것으로, 자기 앞에 놓인 삶이 이제 어떤 방향으
로 나아가야 할지 새롭게 결정하도록 도와주었다.

부부가 오랜 세월 같이 살다가 한 사람이 먼저 죽으면 남은 사
람은 우울증에 빠지기 쉽다. 땅이 꺼져 버린 것 같다. 정체성도
심하게 흔들린다. 자신을 알지 못하겠다. 오랜 세월 늘 배우자를
중심으로 살았는데 이제 혼자다. 자기가 도대체 어떤 사람인지
모르겠다. 배우자와의 관계가 주던 모든 힘을 빼앗기고 말았다.

이제는 아무 힘도 없고 암담하며 우울하다.

이 역시 노인이 자신의 여생을 새로운 기초 위에 세우고 하느님에게서 새로운 의지처를 찾기 위해 거치지 않으면 안 될 단계다. 자식들은 배우자를 잃은 부모를 고독과 우울에서 해방시킬 수 없다. 그렇다고 우울한 부모를 비난해서는 안 된다. 우울한 부모를 이해하고 동행해야 한다. 노인은 갈피를 못 잡고 혼란에 빠져 있을 때 어떤 대답이나 조언을 기대하지 않고 그저 자기 마음 상태를 말하고 싶어 한다. 그저 누군가 내 말에 귀 기울이고 내 상태를 진지하게 받아들이기 바란다. 이것도 새로운 삶의 방향으로 나아가기 위해 거쳐야 할 단계다.

노인의 삶에는 우울한 단계만 있는 것이 아니라 우울증이라는 병도 있다. 우울증의 원인은 유기적 문제일 수 있다. 외적 상황 때문에 발생하기도 한다. 심리치료사 크리스티안 뮐러는 노년에 우울증 발병률이 높은 이유를 이렇게 설명한다.

> 노인은 정년퇴직, 이사, 재산의 상실 등으로 인해 익숙했던 삶의 테두리에서 끌려 나온다. 이 상실을 상쇄하기에는 노인의 심리적 힘이 너무 약하다(Müller 94).

심리학은 인간의 상처받기 쉬운 성질인 '손상 가능성'(Vulnerabilität)을 언급한다. 인간은 보통 어느 정도의 상실을 이겨 낼 수 있다. 나이가 들면 마음의 짐이 되는 상황을 견뎌 내는 데 필요한 심리적 힘을 자유자재로 쓸 수 없다. 노인을 괴롭히는 우울증의 원인을 알아내는 것은 중요하지 않다. 당사자가 우울증을 인정하고 의사와 병에 대해 터놓고 이야기하는 것이 중요하다.

자신의 우울증에 대해 이야기하는 노인은 많지 않다. 우울증에 걸렸다는 사실이 수치스러워서 우울증에 갇혀 나오지 못한다. 우울증은 계속 무기력하고 기쁨을 느끼지 못하는 마음 상태, 하찮은 일에 매달려 그 일만 생각하는 태도로 나타난다. 다음 문장들은 우울증의 전형적 증세다. "난 아무것도 아닌 존재다. 더는 아무것도 할 수 없다. 이제는 아무도 날 좋아하지 않는다. 그런데 그것도 내 탓이다"(Bojack 26).

우울증을 대수롭지 않게 여기는 노인도 많다. 혼자 사는 게 슬퍼서, 아끼던 사람을 잃어서 그러려니 생각해 버린다. 통계상 나타난 숫자는 실로 놀랍다. "독일에서는 매일 최소한 노인 열 명이 절망, 불안, 우울증 때문에 자살한다"(Bojack 24). 노인들의 자살률은 삶의 정점에 있는 젊은 사람들보다 훨씬 높다. 노인 일곱 명 중 한 명이, 양로원에서는 65세 이상 노인 세 명 중 한 명이 의사의 치료가 필요한 우울증에 시달리고 있다. 그런데도 노인의 우울증이 치료 대상이 되지 않는 경우가 많다. 주위 사람들이, 심지어 의사도 우울증을 병으로 인정하지 않기 때문이다.

우울증에 걸린 당사자뿐 아니라 주위 사람들도 의사의 도움을 요청하고 또 받아들이겠다는 의향이 점점 사라진다. 그러다 우울증에 걸린 노인은 결국 운명이겠거니 생각하고 그 누구의 이해나 도움도 받지 못한 채 홀로 남게 된다. 사람들 눈에 띄고 싶지도 않고 남들을 귀찮게 하고 싶은 마음은 더더욱 없다. 증세는 점점 더 심해지고 자살 위험도 커진다(Bojack 32).

우울증 때문에 시달린다는 사실이 노인을 더 우울하게 하는 경우도 있다. 평생 우울증을 모르고 살았기 때문이다. 지금까지 만사를 다 훌륭하게 처리했다. 그런데 이제 갑자기 모든 것이 어두워지고 말았다.

전쟁 중 부사관으로서 큰 위험들을 견뎌 냈으며 항상 유머와 열정이 넘쳤던 한 늙은 수도자가 어느 날 내게 실은 우울증을 앓고 있다고 털어놓았다. 그는 알고 지내던 의사와 상의했다. 의사는 그의 증세가 전형적인 노인성 우울증이라고 말했다. 늘 강하고 대담한 사람으로 보였던 그는 남들에게 자기가 우울증을 앓고 있다고 말하기가 쉽지 않았다.

자기가 우울증을 견디지 못하는 무기력한 사람임을 남 앞에서 인정하려면 지금까지 지니고 있던 자신에 대한 생각을 버려야 한다. 노인성 우울증에 걸리면 정신이 갑자기 흐려진다. 지금까지 쉽게 여기던 일이 갑자기 어려워진다. 자기 인생에 무슨 의미가 있는지 모르겠으며 모든 원동력을 잃는다.

노인성 우울증은 지금까지의 삶을 결정짓던 모든 것을 놓아 버리라고 요구한다. 지금까지 건강하고 일흔 살이 다 되도록 모든 일을 척척 해치울 기력이 있다는 것을 자랑스러워했다면, 우울증은 그토록 중요하게 여겼던 바로 그것을 놓아 버리라고 한다. 우리는 지금까지 신앙, 낙천성, 능력, 자유, 창조력 등으로 우리의 본질을 규정해 왔다. 우울증이 이 모든 것을 앗아 가는 것을 허락하는 일은 영적 도전이다. 우리가 갖고 있던 모든 것을 늙어서도 계속 갖게 되리라는 보장은 없다. 우울증은 우리가 고수하던 옛 자아상을 떠나 우리를 새롭게 규정하고 인생의 중심을 어디다 둘 것인지 새롭게 숙고하라고 촉구한다. 우리 삶을 결정짓는 것은 과연 무엇인가? 무엇을 삶의 기초로 삼고 살 것인가? 나이 들면서 겪어야 했던 상실에 대한 슬픔을 억압하는 사람이 많다. 우울증으로 이 억압된 슬픔이 드러나곤 한다. 우울증은 우리가 늙으면서 잃었던 모든 것에 대해 슬퍼하지 않을 수 없도록 만든다. 이 슬픔을 온전히 치러 내고 더 나아가면 영혼의 깊은 층, 즉 영혼의 밑바닥에 다다르게 된다. 여기서는 삶과 존재의 새로운 가능성이 있다. 늙어서 우울증을 앓는다면 우울증에 맞서 싸울 것이 아니라 우울증과 친구가 되어야 한다. 그러면 우울증은 삶의 새로운 원천으로, 새로운 자아상과 변화된 하느님상으로 우리를 이끌 것이다.

반드시 의사나 심리치료사의 치료를 받아야 하는 노인성 우울증도 있다. 우울증 치료제를 먹어야 하는 경우도 많다. 그렇지 않으면 자살 위험이 너무 크다. "고령에 혼자 살면서 만성 통증에 시달리고, 거기다가 장기간 간병받는 환자가 되면 어쩌나 하는 두려움마저 더해진다면"(Bojack 64) 위험 요소를 다 갖춘 셈이다. 이런 경우 약물 치료는 불가피하다고 본다.

심리요법도 도움이 된다. 좋은 대화는 노인이 자기 삶을 더 잘 이해하고 받아들이도록 해 줄 뿐 아니라 신경생리학이 보여 주듯 두뇌 활동을 원활하게 하기도 한다. 심리요법에서 나누는 대화는 약물과 비슷한 효과가 있다(Bojack 76-77 참조).

우울증으로 의사의 치료를 받아야 하는 것 자체두 영적 도전이다. 첫째, 약을 복용해야 한다는 사실을 인정하려면 겸허한 마음이 필요하다. 둘째, 우울증은 내면의 가장 깊은 곳으로, 하느님이 거하시는 내면의 고요한 공간으로 들어가라고 요구한다. 거기는 우울증이 들어설 자리가 없다. 우울증을 앓고 있지만 내가 우울증인 것은 아니다. 나의 내면에는 흠 없고 온전한 본질이 있다. 이 본질을 하느님이 거하시는 내 안의 고요한 공간에서 발견한다.

노년에는 불안과 우울만 늘어나는 게 아니다. 노인성 치매와 알츠하이머병도 점점 더 늘어나고 있다. 알츠하이머병에 걸린 사람은 방향감각이 무뎌지고 "사고의 결핍, 생각의 반복, 집중력 저하, 이해력 부족, 판단력 상실, 정서 불안, 감정 통제 불능"(Müller 98)에 시달린다.

치매나 알츠하이머병에 걸리지 않을 거라고 보장받은 사람은 없다. 그렇지만 정신적으로 늘 깨어 있음으로써 예방할 수 있다. 심리학에 따르면 노년기의 지적 능력은 지각의 질에 달려 있다. 따라서 노년에도 모든 지각을 동원해, 보고 듣고 냄새 맡고 맛보고 손으로 만지는 일을 게을리하지 않는 것처럼 좋은 일은 없다. 요즘에는 나이 들어 정신이 흐려진 사람들에게 '즐기는 치료'가 성공을 거두고 있다고 한다. 환자에게 특정한 냄새를 맡게 하여 옛 경험을 떠오르게 하는 것이다. 그러면 환자는 삶의 건강하고 아름다운 측면과 접하게 된다. 이 방법으로 병을 완치할 수는 없다. 그러나 이 치료법은 치매에 걸린 환자가 "더 잘 느끼도록"(Hanke 45 이하 참조) 해 준다.

예전에는 노인들에게 심리치료법을 쓰는 일은 무의미하다고 생각한 심리학자가 많았다. 요즘은 다르다. 노인들에게는 자기 삶을 새롭게 해석하고 과거를 이해할 높은 능력이 있다. 크리스티안 뮐러는 이를 알고 있다.

늙으면 비판적으로 자기를 성찰하겠다는 의지가 젊을 때
보다 커진다. 노인은 생각이 깊어지고 내향성이 강해진

다. 따라서 문제가 생길 때 이를 한 단계 높은 곳에서 바
라보겠다는 마음가짐도 강해진다(Müller 101-102).

늙어서 불안에 시달리는 사람은 의사나 심리치료사의 도움을 받
는 걸 꺼리지 말아야 한다. 인생이 근본적으로 바뀌어 버려 어찌
할 바를 모를 때가 있다. 우울증이나 알츠하이머병이 시작되는
것 같은 불안, 정신을 잃게 될까 하는 불안이 생기게 된다.
　노인들은 우리 모두가 알고 있는 불안을 안고 있다. 거기다 노
년기 특유의 불안이 몇 가지 있다.

　　노년학자들은 노년기 특유의 일곱 가지 불안을 언급한
　　다: 정신을 잃게 될 것 같은 불안, 삶에 대한 일반적인 불
　　안, 생존에 대한 불안, 의지할 곳이 없음에 대한 불안, 병
　　에 대한 불안, 자기가 통제할 수 없는 삶의 변화에 대한
　　불안, 삶의 변화에 따라 자기에게 주어질 새로운 발전 과
　　제에 대한 불안이다(Jaeggi 38).

늙어서 생기는 이 불안들은 저마다 다른 양상을 띤다. 이 불안을
대하는 자세도 사람마다 다르다. 노인은 무엇을 잊어버리면 알
츠하이머병 초기 증세가 아닌가 걱정한다. 노년에 돈이 없어 생
존을 위협받지 않을까 불안해하는 사람도 있다. 치료비나 양로

원 생활을 하는 데 드는 돈이 충분하지 않을까 봐 불안해한다. 늙었다는 이유로 새로운 과제에 대해 불안해하는 사람도 있다. 새로운 것을 대하면 그들은 불안하다. 노인은 익숙한 것을 좋아한다. 그래야 편하고 안전하다고 느낀다. 노인들이 노년기 특유의 불안에 대해 충분히 검토하고 이에 대해 이야기 나누는 것이 중요하다.

이제 노인들의 길을 동행하면서 내가 자주 만나는 몇 가지 불안을 살펴보겠다. 자신에 대한 통제력을 잃고 남의 도움에 의존해야 하며 결국에는 혼자 남게 될 거라고 불안해하는 노인들이 있다. 특히 혼자 사는 노인들은 의지할 데가 없다는 사실에 불안하다. 자신을 돌봐 줄 사람이 아무도 없다. 양로원에서 지낼 생각은 하고 싶지도 않다. 자기 일상을 혼자 꾸려 갈 수 없을까 봐 두렵다. 누군가를 찾아가거나 원하는 대로 나들이 갈 수 있으며, 혼자 힘으로 집을 관리하고 남의 도움 없이 식사를 해결할 수 있는 한 그들은 아무 문제 없이 잘 지낸다. 지금 사는 집이 제일 편하다. 그러나 언젠가는 남의 도움에 의존할 수밖에 없는 처지가 되지 않을까 걱정이다. 자기를 돌봐 달라고 남에게 부탁해야 한다는 것을 상상만 해도 두렵다. 혼자 힘으로는 살 수 없어서 친척이나 친구들에게 짐이 되는 건 너무도 괴롭다. 노부모는 자식이 자기를 돌봐 주기를 바란다. 그러나 한편으로는 그들에게 짐이 될까 봐 두렵다. 부모는 자식에 대한 집착을 버리기가 두렵고 또 그들을 도와주지 못하게 될까 봐 불안하다. '놓아 버리기'라는 주제에서 많은 노인이 집착을 버리지 못해 힘들어한다고 언급했다. 불안하기 때문이다. 어떤 사람은 아무도 더는 자기를 중요하게 여기지 않을 것이라는 불안 때문에 자기 지위나 영향력을 계속 쥐고 있으려 한다. 나이가 들면 수천 년 전부터 인간을 괴롭혀 온 원초적 불안에 시달리게 된다. 예부터 인간은 부당한 대우를 받거나 굶어 죽을까 봐, 재산을 잃게 될까 봐 불안해했다. 융은 부유한 자기 부인이 죽자 아무 근거도 없이 돈이 떨어질까 봐 불안했다고 한다. 고통스러운 병이나 치매에 걸릴까 봐 불안한 사람도 있다. 정신을 놓고 사방을 헤매고 다닐 걸 상상만 해도 공포스럽다. 친구나 가족을 잃을까 봐, 혹은 그들에게 버림받을까 봐 불안한 사람도 있다. 그렇기 때문에 사람들은 삶에 집착한다. 맺고 있는 관계를 잃고 싶지 않다. 자식들을 혼자 놔두고 싶지 않다. 배우자가 자기보다 먼저 죽어 혼자 남게 될까 봐 불안하다.

많은 사람이 죽음을 두려워한다. 죽음에 대한 두려움은 다양한 양상을 띤다. 어떤 사람은 죽을 때 자신을 통제할 수 없으리라는 사실을 두려워한다. 그런 사람은 평생 강한 자제력으로 산 사람이다. 그런데 죽을 때는 자신을 통제할 수 없게 된다. "그러면 남들이 뭐라고 할까?"라고 묻기도 한다. 어떤 사람은 죽음의 낯설고 위협적인 면을 두려워한다. 하느님과의 만남을 두려워하는 사람도 있다. 그들은 죽을 때 자신의 진실성과 대면하게 될 것이며 그 때문에 하느님 앞에 서지 못할 것 같아 두렵다. 어떤 부인은 자기 아버지가 돌아가실 때 이야기를 들려주었다. 그녀의 아버지는 임종하실 때 쉽사리 눈을 감지 못했다. 하느님 앞에 나아가기를 두려워했다. 자기는 죄인이기 때문에 하느님 앞에 설 수 없다고 말했다.

예전에 교회에서 행해지던 설교는 죽음과 하느님의 저주에 대한 이런 두려움을 부채질했다. 오늘날 이러한 두려움은 일반적이지 않다. 그런데도 인간 내면에는 죽음에 대한 모종의 두려움이 있다. 죽음과 함께 올 심판을 견뎌 내지 못할 것이라는 두려움이 솟구쳐 오를 때도 있다.

두려움이 엄습할 때 중요한 것은 하느님께 기도하면서 불안을 바라보는 일이다. 이 두려움이 내게 말하고자 하는 것은 무엇인가? 내가 중병이나 치매에 걸리지 않는다거나 배우자가 나보다 먼저 죽지 않는다는 보장은 없다. 따라서 내가 두려워하는 것도 무리는 아니다. 그럴수록 두려움이 엄습하는 것을 허락해야 한다. 두려움은 무엇이 실제로 나를 지탱하고 있는지, 무엇이 실제로 나의 본질을 규정하는지 보여 준다.

누가 나를 떠나 버릴까 봐 두렵다면 이 두려움은 사람이 아니라 하느님을 기초로 하여 내 삶의 집을 지어야 함을 말하고 있다. 하느님은 나를 버리시지 않을 것이다. 그분은 내 곁에 머무르실 것이다. 늘 나를 지탱하던 그분의 천사가 나를 죽음의 문턱을 넘어 데리고 갈 것이다. 그러므로 나는 한순간도(죽음의 순간에도) 완전히 홀로 있지 않을 것이다.

치매에 대한 두려움은 "나는 과연 누구인가?"라는 물음에 직면하게 한다. 나는 이성적으로 사고하고 행동할 때만 소중한 존재인가? 깊은 내면에 있는 나의 진수는 모든 외적 요소가 사라진다 해도 계속 남아 있지 않는가? 치매에 걸린 사람들의 얼굴에도 가끔 인간의 명료하고 순수한 진수를 짐작하게 하는 어떤 빛이 감돈다. 거기에서 자아는 완전히 깨져 순수한 존재만 중요할 뿐이다. 노쇠함과 치매에 대한 두려움은 내가 가진 모든 것과 함께 하느님에게 나를 바치라고, 하느님은 선한 의지로 내 삶의 모든 시간에 나를 지탱해 주고 계심을 신뢰하라고 요구한다.

저주에 대한 두려움은 나의 두려움을 가지고 하느님의 선하신 손 안으로 들어가 거기에서 편안함을 찾으라고 나를 부른다. 예수님이 십자가에 매달리셨을 때 그분 오른쪽 죄수에게 약속하신 말씀을 나의 두려움 한가운데서 들어 올린다.

> 내가 진실로 너에게 말한다. 너는 오늘 나와 함께 낙원에 있을 것이다(루카 23,43).

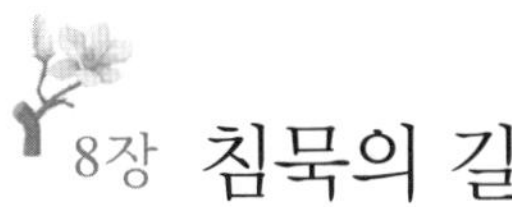

8장 침묵의 길

잘 늙어 가려면 고요해질 수 있어야 한다. 고요는 과거와 현재를 깊이 생각하는 것이다. 삶과 죽음의 신비 앞에서 조용해지는 일이기도 하다.

헤르만 헤세는 관조적 고요에 대해 쓰고 있다. 이 고요 안에서 그는 소중한 영상, 인간의 모습, 인간의 얼굴들을 자신의 기억 속에서 끊임없이 되새기고 바라본다.

응시, 관조, 관상은 시간이 지나면서 습관이 되고 훈련이
된다. 관조하는 마음가짐과 자세는 부지불식간에 자신에
게 스며든다. 많은 사람이 그렇듯이 우리도 수십 년의 세
월을 소원과 꿈, 열망과 격정에 쫓겨 허둥지둥 달려왔다.

조급하게 안달하며 긴장과 기대에 가득 찬 마음으로, 성
공과 실패에 흥분하며 살아왔다. 그런데 오늘 우리는 자
기 삶의 그림책을 훑어보면서, 젊은 날의 그 분망한 쫓김
에서 벗어나 '관조적 삶'(vita contemplativa)에 다다른 것
이 얼마나 좋은 일인지 깨달으며 놀라워한다(Hesse 72).

시골에 가면 집 앞 벤치에 앉아 무언가를 그저 바라보는 노인들
을 볼 수 있다. 그들의 눈길은 자기 내면을 향해 있다. 영혼 가운
데로 솟아오르는 영상들에 대해 묵상하고 있는 것이다. 이는 과
거를 맴도는 데 그치지 않는다. 바로 여기에 '관조적 삶'이 있다
고 헤르만 헤세는 말한다. '관조적 삶'이란 과거에서 삶의 신비를
보는 것이다. 그런 노인들은 몇 시간이고 창가에 앉아 자연을 바
라본다. 봄에 피어나고 가을에는 부드러운 빛을 발하는 나무와
꽃의 아름다움을 주의 깊게 바라본다. 이런 사람들은 끊임없이
옛 시절 이야기만 할 필요가 없다. 지금 현재를 바라보면 소중한
보물처럼 마음속에 간직하고 있는 옛 기억들이 떠오른다. 그들
마음속에는 과거가 늘 살아 있다. 이 과거가 이제 현재다.
　늙어 침묵하지 못하는 사람에게서는 평화가 흘러나오지 않는
다. 이와는 달리 늙은 얼굴에 선량함을 가득 담고 침묵하는 사람
은 주위에서 일어나는 모든 일에 부드러운 '황혼 빛'을 비춰 준
다. 부드러운 가을 빛은 시들어 말라 가는 낙엽도 빛나게 하지

않는가. 늙어 가면서 중요한 것은 자신과 다른 사람들에게 부드러워지는 일이다.

독일어 '부드러운'(milde)은 '(곡식을) 갈다'(mahlen)에서 왔다. 인생의 방앗간에서 갈렸을 때, 껍질과 모든 딱딱한 것이 갈렸을 때 우리는 부드러워진다. 그렇게 부드러운 노인들은 주위 사람들에게 축복이 된다. 특히 어린아이들이 그들 곁에서 편안해한다. 그런 노인들은 사람을 판단하지 않기 때문이다. 그들 곁에서는 제 모습 그대로 있어도 된다. 다른 사람들도 그들 곁에서 고요하고 편안해진다. 평소 마음을 흔들던 많은 일이 그들 곁에서는 사소한 것이 된다. 노인들의 자비로운 침묵이 모든 것을 올바른 빛 안으로 옮겨 놓는다.

늙어서 침묵하는 법을 배운 사람은 고독하다고 푸념하지 않는다. 그는 침묵 가운데서 자기가 경험한 모든 것, 자기가 만난 사람들, 이제는 하느님의 영원한 품에 안겨 있다고 믿는 사람들과 하나임을 느낀다. 따라서 침묵은 그를 하느님 세계로 훌쩍 옮겨 놓는다. 고요한 노인은 말없이 자기 삶의 '그림책'을 훑어보며 감사하는 마음으로 과거를 되돌아본다. 그는 자기 자신과 일치하여 산다. 그리하여 그에게서는 평화와 고요가 흘러나오고 다른 사람들도 이 고요 안에서 편히 쉬고 싶어 한다.

좋은 방법으로 고요를 살아 내려면 회상의 힘이 필요하다. 회상은 과거 속에서만 산다는 것을 뜻하지 않는다. 회상은 내가 살아 냈던 것을 지금 이 순간 실제로 가지고 있다는 말이다. 장 폴은 "회상은 쫓겨나지 않는 유일한 낙원이다"(Kuhn 41 참조)라고 했다. 자기 회상의 책을 읽는 사람은 침묵한다. 그것은 충만한 침묵이다. 회상으로 지금 이 순간을 살고 있지만 삶의 풍성한 열매로 그는 충만하다. 헨리 나웬은, 회상은 마음속에 간직한 보물이라고 말한다. "늙어 갈수록 회상할 것이 점점 더 많아진다. 언젠가는 우리가 가진 것이 전부는 아닐지라도 대부분이 회상이라는 것을 깨닫게 된다"(Nouwen, *Erinnerung* 15). 나웬은 우리가 어떻게 회상하느냐가 중요하다고 본다. 어떤 사람들은 죄의식으로 괴로워하며 과거를 회상한다. 상처받은 일과 기회를 놓쳐 버린 일들만 회상하는 사람이 있다. 그런 회상은 사람을 의기소침하게 만든다. 상처를 아물게 하는 유익한 회상도 있다. 철학자 막스 셸러는 치유하고 자유롭게 하는 회상의 힘에 대해 쓰고 있다.

> 회상하면 회상 속 사물이나 사건들이 지닌 숨은 영향력
> 에서 자유로워진다(Nouwen, *Erinnerung* 19 참조).

따라서 늙어 가며 이루어야 할 과제는 옛 상처를 들추어 내는 것이 아니라 그 상처가 아물도록 회상하는 일이다. 노인들이 회한이나 타인에 대한 비난 없이 옛일에 대해 이야기할 수 있다면 거기에는 이미 정화하고 치유하는 효력이 있다. 그렇게 하면 자기

만의 인생사에서 터져 나온 상처들의 외침이 잦아든다. 노인들이 그냥 앉아서 깊은 생각에 잠길 때, 삶의 회상을 하느님 앞에 내밀 때 치유가 일어나며 마음이 고요해진다.

회상은 과거와 만나게 해 주는 데 그치지 않는다. 회상은 지금 이 순간 우리가 처해 있는 현재를 받아들이도록 도와준다. 회상은 의지할 데 없는 노년기 한가운데서 붙잡을 것을 준다. 좋은 회상은 미래를 위한 희망과 확신도 선사한다.

> 우리의 희망은 회상하는 데 있다. 회상이 없다면 기대도 없다. 좋은 회상이 우리가 서로에게 줄 수 있는 최선의 것 가운데 하나라는 사실을 의식하지 못하고 산다(Nou-wen, *Erinnerung* 60).

노인들이 과거를 회상한다고 해서 현재에서 도망치는 것은 아니다. 그들은 우리로 하여금 희망과 신뢰를 가지고 계속 발걸음을 내딛도록 해 준다.

> 하느님의 사랑이 너무도 분명하게 드러나는 많은 사람의 삶을 우리가 서로 기억할 수 있는 한, 새로운 이야기가 어딘가에 숨어 있을 새 땅을 향해 앞으로 나아갈 이유가 있다(Nouwen, *Erinnerung* 67).

회상이 사람에게 도움이 되려면 감사가 필요하다. 오래된 앨범에 담긴 사진들을 보면서 어린 시절과 부모님을 회상하노라면 마음속에서 감사가 솟아오른다. 이 감사는 내 안에서 기쁨을 불러일으킨다. 그렇게 감사하며 지난 일을 회상하는 사람은 침묵하는 사람이 된다. 그에게서는 고요함이 흘러나온다.

노년에도 안정을 찾지 못하고 늘 많은 일을 해야 한다고 믿는 노인들도 있다. 그들은 객관적으로 보아 실은 해야 할 일이 전혀 많지 않은데도 주위에 초조한 분위기를 퍼뜨린다. 이와는 반대로 고요한 사람은 일상의 소란 가운데서 다른 이들의 조급함까지 조용하게 하는 쉼터와도 같다. 수도원의 침묵하는 원로 수도자들은 공동체를 위한 축복이며 공동체가 고요해지도록 돕는다.

노년의 침묵은 죽음의 준비를 의미한다. 죽음 앞에 서 있을 때는 많은 말이 필요 없다. 만년의 융에게 어떤 사람이 무슨 일이 있더라도 그와 이야기를 나누고 싶다고 간청했다. 그러나 융은 이렇게 대답했다.

고독은 제게 삶의 가치를 주는 치유의 샘물입니다. 말하는 건 제게 고통이 되곤 합니다. 많은 말을 하고 나면 그 말들의 무가치함에서 회복하기 위해 며칠 동안 침묵해야 합니다. 저는 이미 길을 떠났으므로 어쩔 수 없을 경우에만 뒤돌아봅니다. 길을 떠나는 것은 정말 큰 모험입니다.

그러나 이 모험에 대해 시시콜콜 떠벌리고 싶지는 않습니다(Jung, *Briefe* 95).

죽음에 대해 숙고하는 사람은 말이 필요 없다. 남에게 전하고 싶은 욕구가 사라진다. 그래서 지혜로운 노인들은 침묵한다. 이제는 말을 충분히 했다는 느낌이 들겠지만, 정말 본질적인 것은 말로 표현할 수 없다. 침묵 가운데서 미루어 짐작할 뿐이다. 헤르만 헤세도 융과 비슷한 경험을 한 것 같다. 그는 자기 집 대문에 맹자孟子의 말을 써 붙여 놓았다.

늙어 할 일을 다 했다면 고요 속에서 죽음을 친구 삼을 권리가 있다. 그에게는 사람이 필요하지 않다. 사람들을 이미 잘 알고 있고 사는 동안 충분히 보았다. 그에게 필요한 것은 고요다. 그런 사람을 찾아가 말을 섞어 괴롭히는 것은 예의가 아니다. 그의 집을 지날 때는 아무도 살지 않는 집인 양 지나치는 것이 옳다(Hesse 170 이하).

빌헬름 폰 훔볼트도 헤세와 마찬가지로 죽음을 앞두고 조용히 살고 싶어 했다. 하인리히 시페르게스는 고령에도 열심히 저술 활동을 하다 갑자기 세상을 떠났다. 그는 죽기 전에 "우리 시대에는 노인이 가급적 분망하고 소란스러운 생활을 해야 한다는 생각이 널리 퍼져 있다"고 지적하며 훔볼트의 말을 인용했다.

> 나는 죽기 전에 세상의 현세적 사물들에서 완전히 떨어
> 져 순수한 고요만 깃든 몇 해를 보낼 수 있으면 좋겠다
> (Schipperges 78 참조).

이는 침묵의 한 측면이다. 사람은 본질을 벗어나는 것에 대해 이야기하고 싶어 하지 않는다. 그리고 무엇보다 모든 주제에 대해 거북할 정도로 많이 말하는 것을 원하지 않는다.

이 침묵에서 사람들의 삶에 빛을 비춰 주는 말이 나온다. 노인의 몇 마디는 우리가 가는 길을 비춰 주는 등불과 같고 저세상에서 오는 섬광과도 같다. 그런 말들 위로 하늘이 열린다.

노인들의 침묵은 경청하는 기술에서도 드러난다. 그들은 이야기할 때 끊임없이 뭔가를 말해야 한다는 압박감이 없다. 상대방의 말에 귀 기울이고 그 말을 깊이 생각한다. 그러다가 한마디 툭 던진다. 그러면 이 한마디는 상대방에게 정확히 들어맞고 핵심을 찌를뿐더러 삶을 향한 길을 가리켜 준다.

노인들의 침묵은 사람을 거부하지 않고 끌어당긴다. 고령에도 과수원, 채소밭, 화원에서 일하는 수도자가 있었다. 수도원에 대학생들이 방문하면 과수원이나 채소밭에서 일하려고 이 발데베르트 수사를 찾아오곤 했다. 가끔 정신 질환을 앓는 젊은이들도

찾아왔다. 그러면 발데베르트 수사는 이들에게 인사를 건넨 뒤 옆에 앉혀 놓고 일하는 방법을 설명한 다음, 몇 시간 동안 아무 말 없이 그냥 옆에서 일하게 했다. 이 침묵은 불안한 젊은이들에게 큰 신뢰감을 안겨 주었다. 그래서인지 젊은이들은 발데베르트 수사에게 영혼의 고뇌를 털어놓곤 했다. 그들은 평온하고 말이 없던 이 원로 수사에게 마음을 열었던 것이다. 그들에게 침묵은 안온함과 신뢰의 공간, 새로운 출발점이 되었다.

침묵의 또 다른 과제는 하느님 앞에서의 침묵이다. 이때 궁극적으로 중요한 것은 침묵 가운데서 하느님의 낮은 목소리를 듣고 하느님과 하나 되는 일, 하느님 가운데서 자신과 자신의 삶을 받아들이는 일이다. 과거를 회상하면서 삶에 대해 깊이 생각하는 일이 하느님 앞에서 이루어진다. 노인의 마음은 하느님 앞에서 지난 삶에 대해 깊이 생각할 때만 참으로 평온해진다. 그러나 침묵의 절정은 하느님 앞에서 그냥 고요해지는 것, 하느님의 불가사의한 사랑에 자기를 온전히 맡기는 것이다.

노인은 성당에 조용히 앉아 하느님이 그저 자기를 바라보시기만 하면 좋겠다고 생각한다. 교황 요한 23세의 일화다.

어느 날 교황이 보이지 않았다. 비서가 방이란 방은 다 찾아보았지만 찾을 수 없었다. 그러다가 작은 기도실에 앉아 있는 교황을 발견했다. 비서 신부가 교황에게 기도

실에서 그렇게 오랜 시간 무엇을 했냐고 묻자 교황이 대
답했다. "거기 그냥 앉아서 말했지. '당신은 여기 계시고
저도 여기 있습니다!'" 비서가 물었다. "다른 기도는 안
하셨습니까?" 교황이 대답했다. "다른 말은 한마디도 안
했네!"(Müller 178 참조).

침묵의 목표는 하느님과의 일치다. 노인들은 하느님에 대해 배
운 모든 것이 죽음 앞에서 불확실해지고 있음을 느낀다. 그들은
신비로운 하느님 앞에서는 인간의 말과 개념들이 얼마나 부질없
는 것인가를 감지한다. 늙으면 하느님에 대해 우리가 만들어 놓
은 상像들이 사라진다. 말로 표현할 수 없는 하느님의 신비만 남
게 되며 그 앞에서는 오직 침묵할 뿐이다.

　침묵하면서 자신의 삶에 대해 숙고하는 노인들이 있다. 그들
은 자기 신앙, 기도, 더 나은 인간이 되기 위해 감행한 노력들을
깊이 헤아려 본다. 하느님 앞에서 침묵하면서 그들은 우리의 모
든 행동과 생각이 상대적이라는 것을 알게 된다. 그들은 침묵하
는 가운데 말로는 표현할 수 없고 이성으로는 헤아릴 길 없는 하
느님에게 자신을 맡긴다. 바로 그렇게 마음의 평온을 얻는다.

　영적 전통은 고요와 침묵을 구별한다. 침묵은 인간의 행위다.
인간은 말하기를 멈춘다. 침묵한다. 과묵은 덕이다. 고요는 상태
다. 침묵은 인간의 본질에 속한다. 고요는 인간에게 일어나는 것

이다. 고요는 인간이 무엇을 하기 전에 선물처럼 주어진 것이다.

시골에서 귀 기울이고 있으면 나는 고요를 듣는다. 고요는 내게 주어진다. 고요 안에서 나는 존재의 신비를 체험한다. 존재가 나를 위해 열린다. 나와는 상관없이 실재하는 고요를 들으려면 침묵해야 한다. 침묵하기 위해서는 결단을 내려야 한다. 나의 언사나 부주의로 내가 만나는 고요를 방해하지 않을 책임이 있다.

고요는 소음이나 말이 없는 상태만은 아니다. 고요는 나름의 특징이 있다. 바로 순수한 현존이다. 사람이나 사물은 의도가 없을 때 고요하다. 자아는 늘 시끄럽다. 자아는 자기를 내세운다. 자아는 말하겠다고 나선다. 끊임없이 자기를 연출하고 드러내야 한다. 반면 고요는 순수한 현존이다. 고요는 순수, 단순함과 관계 있다. 어떤 것이 순수하고 맑으면 즉, 아무 저의가 없으면 그것을 고요한 것으로 느낀다. 고요 안에서 근원을, 근원적이고 조작되지 않은 분명한 것을 만난다. 고요 안에서는 사물의 본질이 드러난다. 고요는 나름의 형태로 우리에게 말을 건다. 소리는 높지 않지만 인상적이고 힘차게 말한다.

노인은 침묵할 뿐 아니라 고요해지기도 한다. 그에게서 고요가 흘러나온다. 노인이 하느님 앞에서 고요해지면 그는 다른 사람들을 위한 고요의 장소가 된다. 우리가 기도하는 성당이 고요하듯, 고요가 숨 쉬는 경치가 그러하듯 고요한 노인은 주위에 고요를 퍼뜨린다. 이 고요는 사람들에게 축복이 된다.

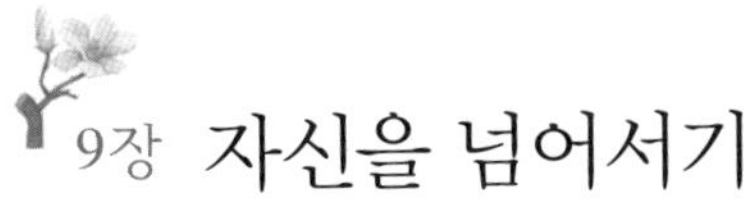

9장 자신을 넘어서기

심리학자 프리츠 리만은 자신을 초월하는 것, 자기 경계를 초자아(das Überpersönliche)의 영역으로 확장하는 것이 노인에게 주어진 본질적 과제라고 본다.

> 이것이 종교적 형태로 일어나느냐, 깨달음·신비 체험·
> 명상·크나큰 사랑을 통해 일어나느냐에 상관없이 초월
> 의 경험은 노년이 지닌 가장 아름다운 가치 가운데 하나
> 다(Riemann 96).

초월의 과정에서 나는 자아에 대한 병적 집착을 버리고 나보다 더 큰 어떤 것에 마음을 열게 된다. 리만은 이를 "망아忘我를 통

한 의식 확장"(Riemann 97)이라고 말한다. 이는 우주적 느낌이 될 수 있다. 이 느낌 안에서 우주와 내가 하나임을 안다. 즉, 우리가 우주의 한 부분이라고 느낀다. 그러면 고독하지 않다. 리만은 이 러한 맥락에서 오스카 아들러의 말을 인용한다. 아들러는 호흡이 우주와의 결합을 느끼는 한 방법이라고 한다. "숨을 들이쉬면 우주가 내 안으로 숨을 내쉬고, 내가 숨을 내쉬면 우주가 나를 들이쉰다"(Riemann 97 참조). 심리학자 에파 예기도 늙음을 주제로 한 책에서 초월이라는 주제를 다루고 있다. 노년에는 "그럼 이제 무엇을 …?"이라는 물음이 떠오른다. 조용한 성당에 앉아 있으면 어릴 적 종교 체험과 다시 만난다는 노인들이 있는 반면 분명하진 않지만 자아 초월을 경험한다고 말하는 노인도 있다.

> 갑자기 모든 것이 조금 달라진다. 나는 일상과 거리를 두
> 며 걱정을 잊고 온전히 나 자신에게 머물러 있다고 느낀
> 다(Jaeggi 132).

예기는 미국의 사회학자 피터 버거의 말을 인용한다. 버거는 초월을 '넘어서기'라고 본다. 이것은 "형이상학적 의미에서가 아니라 우리의 진부한 일상에 그어진 일정한 경계를 넘는 행동으로 이해되어야 한다"(Jaeggi 132 참조). 에파 예기는 노인들에게 "어리석게도 젊었을 때를 흉내 내느라 옛 시절에 하던 잡다한 일들로

시간을 채우는” 일이 없도록 조심하라고 말한다. 노인들은 “이 시간을 사색으로 채워야 한다. 입만 열면 정년퇴직 전보다 지금이 더 바쁘다고 말하는 노인이 있다. 하지만 그들의 분주한 생활은 나이가 많아도 정력적으로 살고 있다는 것을 증명하기보다 피상적인 삶을 살고 있다는 표시로 여겨진다”(Jaeggi 133). 피터 버거에게 유머는 자기 초월의 중요한 특징이다.

> 유머는 인간이 다른 생물보다 뛰어난 존재임을 드러내는 특징이다. 유머는 인간이 자신 뒤로 물러설 줄 알며 세상과의 관계에서 자신을 중심에 세우는 대신 미소 지으며 한번쯤은 바깥에서 자신을 바라본다는 것을 의미한다 (Jaeggi 135 참조).

초월에서 궁극적으로 중요한 것은 하느님 한가운데로 들어가는 것이다. 자기를 잊고 무한하신 창조주를 향해 자신을 열며, 그분에 의해, 그분 안에서 지탱되고 있음을 느끼는 일이다. 나이 든다는 것은 결국 영적 여정이다.

그러나 여기서 우리는 조심해야 한다. 한 연구 결과에 따르면 나이 든다고 신앙이 저절로 깊어지는 것은 아니라고 한다. 교회에 나오는 사람 대부분이 노인이기는 하지만 노인이라고 해서 다 신앙이 깊은 것은 아니다. 신앙을 버리는 노인, 신앙이 공허하게 느껴지거나 그전에는 전혀 엄두도 못 내던 무신론적 생각을 꺼내 놓는 노인도 있다.

노년에는 신앙도 변한다. 신앙이 우리를 지탱해 줄 것이며 하느님이 늘 도와주신다는 낙천적 약속들은 공허할 뿐이다. 늙어 가면서 신앙에 대해 새롭게 사색해야 한다. 늙으면 지금까지 간직한 하느님상 뒤에서 우리 이성으로는 파악할 수 없는 하느님을 발견하라는 도전을 받는다. 이 영적 도전을 받아들이는 대신 부서져 버린 하느님상과 함께 하느님까지 내던져 버리는 사람도 있다. 하느님에 대해서 더 이상 알고 싶어 하지 않는다. 그들은 화내고 실망하곤 한다.

노년에 신앙의 위기를 맞는 그리스도인이 많다. 그들은 지금껏 희망을 걸었던 모든 것이 끝까지 유지될 수 있는지 의문을 품기 시작한다. 살면서 그들은 뼈아픈 경험을 했다. 배우자와 사별했거나 자식을 잃었다. 아프고 쓸쓸하다. 무엇이 그들을 지탱해 주고 있는가? 그들의 신앙은 어떤 의미인가? 더욱 경직된 태도로 어린 시절에 배운 교리들을 고집스럽게 붙잡고 있는 사람도 있다. 하느님이 자신을 도와주지 않았다며 신앙에 등을 돌리고 하느님에 대해서는 한마디도 들으려 하지 않는 사람도 있다. 의심을 품고 자기를 지탱해 줄 토대를 찾아 나서는 사람도 있다. 그런 사람들은 신앙 가운데서 깨달을 수 있는 모든 것이 이성으로는 파악할 수 없는 하느님에 대한 암시일 뿐이며, 교리적 표현도 모든 표상 저편에 계신 하느님에 대해 논박하는 상일 뿐이라는 사실을 어렴풋이 짐작하고 있다.

가끔 노인들이 찾아와 절망을 호소한다. 신앙을 토대로 살아왔는데 이제 신앙이 사라질 위험에 처했다는 것이다. 그런 말을 들을 때마다, 그것은 그들 잘못이 아니라 정상적인 과정임을 설명해 주려고 애쓴다. 지금의 의심은 신앙을 위해 더 깊은 토대를 마련하라는 요청이라고 말한다. 이론적으로 보면 우리가 하느님에 대해 생각하는 모든 것과 영생에 대한 우리의 관념이 착각에 지나지 않을 수 있다. 그러나 우리가 이런 식으로 끝까지 생각하면 모든 것이 다 허무해진다.

내 개인적 경험은 이렇다. 이렇게 계속 생각하다 보면 마음 저 깊은 곳에서 불쑥 어떤 생각이 떠올라 나 자신에게 단호하게 말한다. "나는 이 카드에 모든 것을 건다. 나는 성경을 믿으며 전례를 믿고 아우구스티누스와 아빌라의 테레사를 믿는다." 모든 의심에도 불구하고 나는 신앙과 삶을 택하겠다는 결단을 내린다. 이 신앙은 죽을 때까지 의심의 대상으로 남을 것이다. 이 신앙은 나를 지탱해 주며 신앙 때문에 힘들어하는 사람들도 이해할 수 있도록 해 준다.

노인들에게는 의식儀式이 신앙의 중요한 요소다. 여러 의식은 그들에게 고향을 선사하고 하느님의 신비로 둘러싸여 있다는 느낌이 들게 한다. 의식은 노인들의 하루에 일정한 짜임새를 주고 하느님을 위해 하루를 열어 준다. 의식은 노인들에게 외부의 어떤 힘에 밀려 살아지고 있는 것이 아니라 스스로 살고 있다는 느낌을 준다.

어머니는 수년 동안 의식을 아주 중요하게 여기셨다. 아침 7시에 일어나 8시에 성당에 미사를 드리러 가셨다. 돌아오신 다음 아침을 드시고 소파에 누워 자식들과 손자·손녀들을 위해 묵주기도를 두 번 올리셨다. 그런 다음 시각장애인협회에 주문하여 정기적으로 받으시던 카세트테이프를 들으셨다. 이렇게 어머니는 늙어서도 정신이 맑으셨고 흥미 있는 책을 많이 '들으셨다'. 그러고는 점심을 차려 드셨고 식사 후 잠시 주무셨다. 오후에는 텔레비전을 보시거나 자잘한 집안일을 하셨고 자식들과 통화도 하셨다. 규칙적인 하루 일과가 그분에게 아직 살아 있다는 느낌, 당신 삶을 스스로 꾸려 가고 있다는 느낌을 주었다. 앞을 거의 못보셨을 때도 장애로 여겨 한탄하지 않고 삶을 기뻐하셨다. 매일의 의식이 그분에게는 삶에 대한 기쁨의 원천이었다.

의식은 고향에 와 있다는 느낌을 준다. 향수鄕愁라는 의미에서가 아니라 우리 가운데 살고 있는 신비를 가리킨다. 즉, 하느님의 신비로써 그분의 집을 우리 집으로 삼아도 된다. 신비가 거하는 곳, 오직 그곳을 우리의 고향 집으로 삼을 수 있다. 의식을 고수하는 노인들은 바로 이 점을 알고 있다. 겉으로는 많은 일을 할 수 없지만 외부의 힘에 밀려서 사는 삶이 아닌, 그들 스스로 사는 삶은 그들을 넘어 존재하는 신비를 증언한다.

어머니가 꼭 지키시던 의식에는 매일 아침 똑같은 기도를 올리는 것도 있었다. 『기도서』*Gotteslob*에서 찾아 외우신 기도였다. "주님, 당신께서는 제게 매일 새로운 하루를 선사하십니다. 당신 앞에서는 매일이 중요합니다"(*Gotteslob* 15,6). 그런 다음 먼저 세상을 떠나신 아버지를 위해 기도하셨다. "하느님 아버지, 아버지께서는 저와 삶의 길을 함께 걸었던 제 남편을 당신 곁으로 데려가셨습니다"(*Gotteslob* 26,2).

더 연로해지시자 어머니는 가끔 이 두 기도를 잊어버리셨다. 그래서 누이에게 두 기도를 크게 써 달라고 하셨다. 그걸 읽고 다시 외우곤 하셨다. 누이는 어머니가 이 두 기도로 하루를 시작하신다는 것을 알고 무척 감동했다. 첫 기도에는 이런 구절도 있다. "제가 모든 사람을 다 공평하게 사랑할 수 없다 해도 제가 만나는 사람을 낙심하게 하는 일이 없도록 도와주소서." 어머니를 위해 이 기도, 특히 이 구절을 적으면서 누이는 어머니의 삶의 원천이 무엇인지, 어머니가 날마다 무엇을 위해 노력하시는지 알 수 있었다. 어머니는 아침기도를 하시면서 하루를 시작하는 묵상을 하신 셈이다. 어머니는 매일을 하느님이 주시는 것으로 받아들이고, 그날그날 안에 어머니의 사랑의 자취를 새기셨다.

의식과 기도는 몇 년 동안 어머니를 동행했다. 그러다 돌아가시기 일 년 전 중병을 앓으시고는 신앙생활이 전보다 더 단순해져야 함을 깨달으셨다. 어머니도 여느 노인들과 같은 경험을 하신 것이다. 노년에는 영성이 점점 단순해지고 외적 형태에서 자유로워지고 고요해지며 이성으로는 헤아릴 수 없는 하느님을 향해 마음을 더욱 활짝 열게 된다. 그렇게 되면 많이 생각할 필요가 없다. 우리의 빈 마음을 하느님 앞에 드리면서 그분이 이 빈 자리를 채우시도록 하면 된다. 나이가 들면 젊었을 때 열정적으로 하느님을 찬양하며 느꼈던 감정들을 반복할 수 없다. 영적 길은 점점 더 고요해진다. 많은 말이 필요하지 않다. 침묵 가운데서 하느님에게 마음을 연다. 침묵하면서 하느님과 그분이 우리에게 요구하신 힘겨운 삶을 받아들인다. 이제는 자신과 남을 판단하지 않는다. 인간 존재의 높고 낮음을 다 겪어 본 우리는 이제 하느님 앞으로 나아가고 있으며 하느님 안에서 자신과 세상과 화해하기에 이른다. 이렇게 늙어 가는 사람에게서는 주위 사람들을 위한 축복이 흘러나온다.

돌아가시기 전 몇 해 동안 어머니는 텔레비전도 보지 않으셨다. 그전에도 텔레비전을 많이 보시는 편은 아니었다. 그런데 돌아가시기 두 해 전부터는 아예 텔레비전을 보지 않으셨다. 그저 당신의 내면을 향하실 뿐이었다. 조용히 앉아 계시거나 휠체어에 앉아 자연을 바라보셨다.

우리 수도원 참사회에서 어떻게 하면 잘 늙을 수 있는가라는 주제를 놓고 의견을 나누던 중, 원로 수도자들의 방에 텔레비전을 설치하여 그들의 무료함을 달래 주자는 제안이 나왔다. 이 제안이 실제로 채택되었더라면 영성 생활에 대한 파산선고나 다름없었을 것이다. 노인들이 텔레비전에 나오는 수천수만 가지 영상들에 파묻히도록 하는 게 바람직할까? 노인들은 자기 내면으로 들어가 내면의 영상을 봐야 한다. 하느님이 이 내면의 영상에 당신을 새겨 넣으셨다. 고요 체험을 통해, 사람들과의 만남을 통해, 그들의 마음을 움직였던 말들을 통해 하느님의 모습이 그들 내면에 새겨졌다.

물론 텔레비전을 보면서 무료함을 달래는 게 훨씬 수월할 것이다. 많은 일에 관심을 두기 때문에 텔레비전을 보면서 머리를 식힐 필요도 있다. 그러나 영적 전통은 예부터 노년기의 고요와 묵상을 소중하게 여겼다. 많은 외적 요소기 떨어져 나가며 내면의 빛을 보고, 마음속에서 솟아오르는 것들을 다듬는 일이 중요하다. 그리하여 진정으로 지혜롭게 되고 우리 안에 있는 모든 것을 하느님에게 열어야 한다.

노년에는 영성이 단순해지며 하느님의 초월성이 중요해진다. 자아를 버린 노인은 존재의 근원에 순응하며 하느님과 하나 된 것처럼 느낀다. 그는 하느님의 인성을 거부하지 않는다. 성경 말씀 가운데서 그는 하느님이 친구처럼 다정하고 친근하게 말을 거신다고 느낀다. 그의 기도는 점점 더 고요해지고 단순해진다. 노인은 그저 하느님 앞에, 하느님 안에 있다. 하느님은 그에게 말을 거는 친구일 뿐 아니라 그를 지탱하는 근원이다. 자아를 버리면 하느님의 신비가 열린다.

영성의 외적 형태가 중요하지 않게 된다. 방법은 문제 되지 않고 현존만 중요해진다. 몸져누우시는 바람에 수십 년 동안 다니시던 미사에 가시지 못하게 되었을 때 어머니 내면에서는 새로운 어떤 것이 자라났다. 어머니는 그저 하느님에게 자신을 온전히 맡기셨다. 외적 형식은 중요하지 않았다. 개인적으로 올리던 묵주기도마저 올릴 수 없게 되셨다. 그때 어머니는, 기도의 본질은 하느님에게 "예"라고 말하는 것과 그분의 헤아릴 수 없는 신비에 있다는 것을 느끼셨다.

한 수도자의 아버지가 아들에게 말했다. "기도할 수 없을 때가 가끔 있지. 그럴 때는 신부인 네 작은아버지 말도 도움이 안 돼. 그럴 땐 그냥 쭈그리고 앉아 있지. 마음이 아파, 슬프기도 하고. 하지만 어떡하겠니." 이는 영성이 노년에 어떻게 변화하는지 정확하게 묘사한다. 늙으면 '종교적 상부구조'가 중요하지 않다. 경건한 말은 공허하게 들린다. 이제 필요한 것은 현존 안으로 날아들어가는 일이다. 그러면 지금 이 순간 내게 일어나고 내 마음을 움직이는 모든 것 안에서 하느님에게 빠져 들어가게 된다. 평생 충실하게 실행해 온 많은 혹은 모든 형식이 상대적인 것이 된다.

이와는 전혀 다른 경험을 하는 사람도 있다. 어떤 부인이 자기 어머니에 대해 이야기를 했다. 부인은 어머니와 세상사에 대해 솔직하게 의견을 주고받는다고 한다. 그러나 신앙에 대한 몇 가지 문제를 제기하면 어머니는 거부반응을 보인다. 어머니는 그런 말은 듣고 싶지 않다고 하신다. 자신을 이제까지 지탱해 주고 붙들어 준 것을 딸이 흠잡는 걸 용납할 수 없는 것이다. 신앙은 어머니에게 든든한 의지처임이 분명하다. 그래서 신앙 문제에서 자기 마음이 흔들릴까 봐 몹시 불안해한다. 어머니에게는 잘 늙기 위해서 신앙이 필요하다. 신앙은 그에게 흔들려서는 안 될 거룩한 것이다. 이때 어떤 문제를 어떻게 볼 것인가라는 구체적 질문은 중요하지 않다. 신앙은 늙어 가면서 겪는 불안에 안정을 선사하며, 기댈 곳 없는 상황에서 기둥이 되어 주고, 늙어 가며 부서지기 쉬운 것에 단단함을 선사한다.

노인들의 영성에 대해서 판단하면 안 된다. 그들을 붙들어 주고 그들의 마음을 움직이는 것이 무엇인지 귀 기울여야 한다. 이렇게 귀 기울여 듣는 일은 영적 도전이기도 하다: 나는 무슨 힘으로 사는가? 무엇이 나를 지탱해 주는가? 나는 어디에서 왔으며 어디로 가는가?

몇 년 전부터 깊은 영적 길을 가던 한 나이 든 부인은 어느 날 갑자기 미사와 기도가 더 이상 중요하게 느껴지지 않자 몹시 놀라고 걱정스러워했다. 그러나 이런 상태를 허용함으로써 그녀는 자기 영성의 다른 특성을 발견했다. 그녀는 특정한 영적 여정에 열중할 수 없었다. 그녀는 많은 것을 빼앗기고 있다고 느꼈다.

그러나 이는 그녀를 새로운 내적 자유로 이끌어 주었다. 그녀는 지난 수년간 자신을 붙들어 준 모든 것을 거부하지는 않았다. 다만 절대적이던 가치들이 이제는 상대적이 되었다. 하느님은 새로운 형태로 그녀의 삶으로 들어오셨다. 기도하면서 가끔은 소유하고자 했던 하느님이 아니라 그녀가 좌우할 수 없는 하느님, 그녀가 만나는 모든 것 안에 거하시는 하느님이다. 그녀는 하느님을 직접적으로 생각하지 않았기 때문에 가끔 자기가 신앙이 전혀 없는 사람처럼 여겨지곤 했다. 하지만 그러면서 부인은 마이스터 엑카르트가 "하느님을 놓아 버리기"라고 일컬은 상태를 경험하게 되었다. 우리는 하느님을 위해 하느님도 놓아 버려야 한다. 우리를 위해 하느님을 이용할 수 없다. 하느님에 대해 우리가 만든 형상이 사라진다. 언젠가는 하느님의 넓으심과 무한하심, 인간이 형용할 수 없는 하느님이 돌연 나타나신다. 그리고 우리는 바로 이런 하느님 안으로 자신을 온전히 맡긴다.

노인들의 영성에서 나는 두 가지 형태를 본다. 첫째는 지금까지 자신의 영성을 지탱해 주던 외적 의식을 노년에 잃어 가는 것이다. 그들은 이제 기도할 수 없고 미사에도 갈 수 없다. 겉으로 보면 이제까지 실행한 모든 경건한 의식을 빼앗기고 있다는 인상을 받는다. 그런 노인에게서는 외적 의식을 찾아볼 수 없다. 그들은 기도하지 않으며 묵상도 하지 않고 성경도 읽지 않는다. 그러나 마음속에서 본질적인 것이 일어나는 경우가 많다. 마음속에서 그들은 하느님에게 자신을 온전히 맡긴다. 마음속에서 그들은 자아와 예전의 영적 의식도 놓아 버린다.

이와는 전혀 다른 노인들도 있다. 그들은 텔레비전에서 중계되는 미사를 꼬박꼬박 보며 화면 앞에서 미사를 드린다. 그들은 자기의 근원으로 되돌아간다. 어릴 때 배운 기도문들을 다시 쓰거나 부모님이나 조부모님이 불러 주시던 찬송가들을 부른다. 유년 시절 신앙과 다시 만난다. 예전에 외웠던 기도문이나 불렀던 노래가 그들에게 안온함을 선사한다. 옛 시절에 따랐던 의식이 고향에 돌아온 것 같은 포근함을 선사한다. 친숙한 기도와 의식에서 고향을 느낀다. 어릴 적 기도하고 노래할 때 가졌던 체험과 동경을 다시 만나게 된다. 아이들 말투로 기도하기도 한다. 그런데 어릴 때 쓰던 말투가 갑자기 그전과는 다르게 들린다. 노인이 어린이처럼 기도를 올린다고 해서 어린이가 되는 것은 아니다. 그보다도 예전에 쓰던 말에 새로운 울림과 새로운 천진함이 깃든다. 어릴 때 하던 기도는 그들을 지탱하고 계신 하느님에 대한 깊은 신뢰를 표현한다.

우리는 서로 다른 두 영성 중 어느 것이 좋다 나쁘다 판단해서는 안 된다. 저마다의 단순함을 통해 하느님에게로 나아갈 수 있다. 둘 다 복잡한 방법은 중요하지 않다. 어린 시절의 단순한 말이나 침묵의 단순함 가운데서 하느님에게 마음을 열고 하느님 안으로 자기를 놓아 버리는 것이 핵심이다. 노인들에게는 어린 시절 하느님을 향해 느꼈던 신뢰를 새롭게 배우는 일이 중요하다. 이렇게 노년과 어린 시절이 동그라미로 연결된다. 그리고 노인은 예수님의 말씀을 성취한다. "내가 진실로 너희에게 말한다. 너희가 회개하여 어린이처럼 되지 않으면, 결코 하늘 나라에 들어가지 못한다"(마태 18,3). 노년에는 산상 설교의 참행복에 관한 말씀의 의미를 새롭게 깨닫는다. "행복하여라, 마음이 가난한 사람들! 하늘 나라가 그들의 것이다"(마태 5,3).

나이가 들면 우리 영성의 풍요로움을 포기하게 된다. 마음이 가난한 사람이 되어 영성을 간단한 기도와 침묵으로 제한한다. 마음이 가난한 가운데 우리의 공허를 채울 수 있는 유일한 존재이신 하느님에게 우리를 온전히 맡긴다.

10장 죽는 연습

노인이 해야 할 마지막 영적 도전은 죽는 연습이다. 죽음은 노인이 비단 삶의 마지막 순간에만 대면하는 것은 아니다. 죽음은 늘 삶 속에 있다. 칼 라너는 "행하는 모든 것에 내재하는 죽음"(pro-lixitas mortis)에 대해 이야기한다. 라너는 스승이었던 철학자 마르틴 하이데거의 "죽음에 이르는 실존"이라는 개념을 신학적으로 해석한 셈이다. 라너는 이 표현을 교황 대 그레고리우스 1세에게서 발견했다. 이는 "인간사에서 시간이 갈수록 죽음의 요소가 점점 쌓여 가는 구체적 과정"(Auer 52)을 뜻한다. 로마노 과르디니는 "삶은 지연되고 있는 죽음"이라고 했다. 라너가 "행하는 모든 것에 내재하는 죽음"이라는 개념으로 말하고자 한 것은 결함, 질병, 실망의 체험에서 한 조각 죽음이 일어난다는 사실이다. 한 조각 죽음은 "손으로 붙잡을 수 있는 삶의 재화의 침몰이다. 분할되어 일어나는 이 모든 작은 죽음 안에서 어떻게 견뎌 낼 것인가라는 물음 앞에 선다"(Auer 125 참조). 라너는 무엇보다도 우리를 무력하게 만드는 질병의 경험을 죽음의 현존으로 보았다.

> 병들면 능력주의 사회에서 소외되며 병자는 타인에게 무익할 뿐이라는 사실을 체험한다. 병을 인생 설계도의 일부로 받아들이고 병의 중요한 의미를 인정하는 건 불가능하다. 병의 이런저런 특성들은 병을 죽음의 전조로 이해할 수밖에 없게 만든다(Rahner, *Prolixitas* 469 이하).

라너는 노인에게 요구되는 죽는 연습이 십자가를 받아들임으로써 실현된다고 본다. 노년의 영성에서 핵심은 "마지막으로 요구되는 십자가 사랑을 연습하는 일이다. 삶은 죽음의 나락을 피할 수 없기 때문에 십자가 사랑을 연습할 것이냐라는 물음은 분명 제기되며 우리는 이를 연습해야 한다"(Grün 121). 노쇠 현상과 삶에 죽음이 현존한다는 사실에 맞서 기를 쓰고 저항할 수 있다. 그러나 예수 그리스도의 십자가를 묵상하며 죽는 연습을 할 수도 있다. 그분의 십자가에서 나는 내가 늙어 간다는 사실, 점점 커지는 고독, 또래들이 하나 둘씩 세상을 떠난다는 사실을 받아들일 수 있을 것 같다.

칼 라너는 나에게 요구되는 죽음을 연습하고 죽음을 하느님에 대한 전적인 헌신으로 변화시키기 위해서는 십자가 사랑이 바로 열쇠라고 본다. 죽음을 긍정한다는 것은 체념하여 마지못해 죽음을 받아들이는 것이 아니다. 죽음을 사랑의 행위로 변화시키는 것이다. 예수님은 피할 수 없는 폭력에 의한 죽음에 대해 이렇게 말씀하신다. "아버지께서는 내가 목숨을 내놓기 때문에 나를 사랑하신다. 그렇게 하여 나는 목숨을 다시 얻는다. 아무도 나에게서 목숨을 빼앗지 못한다. 내가 스스로 그것을 내놓는 것이다"(요한 10,17-18).

이는 모순이다. 우리도 예수님처럼 죽음을 당한다. 삶의 기술은 어쩔 수 없이 당하는 죽음을 자기 의지의 행위로 변화시키는 데 있음이 분명하다. 죽음을 영웅적 행동으로 변화시키라는 건 아니다. 죽음을 사랑의 행위로, 하느님과 사람에 대한 헌신으로 변화시켜야 한다. 죽으면서 내 온 삶을 움직인 것을 다시 표현하는 셈이다. 요한은 예수님의 죽음을 이렇게 표현한다. "그분께서는 이 세상에서 사랑하신 당신의 사람들을 끝까지 사랑하셨다"(요한 13,1). 죽음을 이보다 아름답게 표현할 수는 없을 것이다. 죽음은 사랑의 완성이다. 죽음은 어떤 저의 때문에 흐려지거나 어두워지지 않는 헌신의 행위다.

영성에서뿐 아니라 심리학에서도 죽음의 준비는 노년이 안고 있는 과제다. 융은 이렇게 쓰고 있다.

삶을 떠나지 못하는 노인이나 자기 삶을 설계하지 못하
는 젊은이, 둘 다 심리치료사에게는 허약하고 병든 사람
이다. 다른 경우와 마찬가지로 이런 경우에도 유아적 탐
욕, 공포, 반항심, 고집이 문제다. 의사인 나는 죽음을 목
표로 삼고 이 목표를 훌륭하게 달성하고자 애쓰는 것이
건강에 유익하다고 확신한다. 죽음에 반항하는 것은 건
강하지 못하고 비정상적이다. 이런 자세는 인생의 후반
부에 가져야 할 목표를 빼앗아 버린다(Jung, *Werke* 458).

죽음을 자기 인생을 완성시키며 하느님의 영원 가운데서 새롭게
피어나게 해 주는 의미심장한 목표로 여기는 사람만이 노년을
평정한 마음, 감사하는 마음으로 받아들일 수 있다. 그런 사람은
노년에도 활기차게 산다. 목표를 염두에 두고 살기 때문이다.

　융은 성체성사를 '불사약'(*pharmakon athanasias*)이라고 표현한
교부의 말을 상기한다. 그리스도를 통해 선사된 불사에 대한 믿
음은 실제로 심리학에서도 영혼의 치료제다. 영혼은 죽음을 준
비하고, 두려움 없이 다가갈 수 있는 목표로 대할 때 건강하다.

늙어서 죽음을 목표로 삼고 준비하지 못하는 것이나 젊
어서 미래에 대한 상상을 억압하는 것은 둘 다 신경증에
속한다(Jung, *Werke* 470).

제대로 산 사람이 잘 죽을 수 있다. 그런 사람은 헤르만 헤세가
쓴 「잘 있게나, 세상이여」를 따라 읊을 만하다.

잘 있게나, 세상이여

세상은 부서지고 말았네.
한때는 우리가 이 세상을 몹시도 사랑했었지.
이제 죽음은 우리에게
두려움을 안겨 주지 않네.

세상을 비난해선 안 되지.
너무도 눈부시고 분방하지 않은가.
태고의 마력이 아직도
세상의 형상 주위에 나부끼고 있네.

우리는 감사하며
세상의 크나큰 유희에서 떠나려고 하네.
세상은 기쁨과 고통을 주었고
많은 사랑도 주었네.

잘 있게나, 세상이여

화장을 고쳐 젊고 반반한 얼굴로 만들어 보시게,

그대의 행복과 비탄에

우리는 이제 물렸네(Hesse 127).

헤세가 시에서 묘사한 것을 성경도 몇몇 노인에 대한 이야기에서 전하고 있다. 아브라함에 대해 성경은 이렇게 말한다. "아브라함은 장수를 누린 노인으로, 한껏 살다가 숨을 거두고 죽어 선조들 곁으로 갔다"(창세 25,8). 여기서는 죽음이 자연스러운 것이다. 잘 산 사람이 잘 죽을 수 있다. 실컷 배불리 먹고 살지 못한 삶에 연연하느라 '절뚝거리며 따라갈' 필요가 없다. 창세기의 이 글에는 죽음은 나보다 먼저 살았던 모든 사람과의 연계 안으로 들어가는 것임이 분명하게 드러난다. 아브라함, 모세, 다윗은 죽음에 반항하지 않는다. 감사하며 삶을 되돌아본다. 죽음으로 선조들과 하나 된다는 사실에 동의한다.

중세는 나름의 '죽는 기술'(ars moriendi)을 발전시켰다. 이 기술의 핵심은 좋은 임종을 위한 준비다. 늙음에 대한 강연에서 어떤 부인이 자기 어머니는 늘 좋은 임종을 위해 기도했다고 말했다. 부인은 어머니의 그런 모습에 깊은 인상을 받았으며 죽음을 준비하는 것이 좋은 일임을 배웠다고 덧붙였다.

이 준비는 가끔 불안을 불러일으킨다. 그러나 거듭 죽음을 상기하고 마지막 발걸음을 잘 내딛게 해 달라고 청하는 데 의미가 있다. 좋은 임종을 위한 기도의 핵심은 인생의 마지막 단계를 깨어 있는 의식으로 살고 그 단계에서 의미를 찾는 데 있다. 우리는 좋은 방법으로 죽음이라는 목표에 다가가 그곳에 도착했을 때 '승자가 받을 상', 즉 영생의 영광을 얻고 싶어 한다.

이렇게 되기 위해서는 기도만이 아니라 몇 가지 태도를 연습해야 한다. 훈련된 이 태도들이 잘 죽을 수 있도록 해 준다. 첫째는 죽음을 생각할 때 우리가 모든 인간과 하나임을 아는 것이다. 인간은 다 죽는다. 죽으면서 우리는 인류 가족과 하나가 된다.

헨리 나웬은 내가 모든 인류에 속한다는 느낌, 즉 다른 사람들과의 연대감이 잘 죽을 수 있는 조건이라고 본다.

> 죽음이 그 어떤 것보다 강하게 우리를 나른 사람들과의
> 연대감으로 이끈다는 사실을 점점 더 분명하게 의식하면
> 죽음은 인류와 하나 됨의 잔치가 될 수 있다. 죽음은 다
> 른 사람들과 우리를 떼어 놓는 것이 아니라 합일시킨다.
> 죽음은 우리에게 고통을 주는 대신 새로운 형태의 기쁨
> 을 열어 준다. 삶의 최후로서 위협하는 것이 아니라 새로
> 운 시작의 약속이 될 수 있다(Nouwen, *Vollendung* 42).

근동에서 그리스도교 찬송가 음악회를 주최한 개신교 목사가 이런 이야기를 한 적이 있다: 음악회가 끝나자 나이 지긋한 이슬람

교도가 그에게 말했다. "우리는 아담의 후손입니다. 죽으면 다 땅으로 돌아가지요. 우리 모두는 형제자매입니다. 그런데 왜 서로 적이 되어 싸우기만 할까요?" 이 노인은 죽음이 모든 인간과 하나 되는 길임을 깨달았다. 죽음은 평화를 이룩하라는 가장 큰 호소다. 죽어 가면서 남들과 다투는 사람은 잘 죽을 수 없다.

어떤 임종봉사자는 용서하지 못해 쉽게 죽지 못하는 사람들이 있다고 말한다. 그런 사람들은 자신과 인생, 모든 인간과 화해한 다음에야 비로소 평화롭게 하느님의 품에 안길 수 있으며 그 안에서 모든 인간과 하나가 될 수 있다.

죽음은 우리를 위협하는 삶의 최후만은 아니다. 죽음은 새로운 시작이 될 것이다. 영원한 생명이 우리를 기다리고 있다. 중요한 것은 우선 우리와 친숙한 사람들과의 일치 가운데서 죽는 일이며 그들을 위해 이 죽음을 받아들이는 일이다. 이것이 바로 예수님의 죽음에 대해 복음서들이 전하고자 하는 바다. 예수님은 우리를 위해 죽으셨다. 죽음을 우리가 사랑하는 사람들을 위한 헌신으로 이해한다면 죽으면서 우리는 다른 사람을 위한 축복이 될 수 있다. 죽음을 받아들이고 이를 신앙 가운데서 견뎌내면 죽음은 다른 사람들에게 이익이 될 수 있다.

헨리 나웬은 마흔여덟 살에 암으로 죽은 제수弟嫂에 대해 이야기한다. 그녀는 암과 투병하면서 죽음을 준비했다.

마침내는 죽음을 다른 사람들을 위한 소중한 선물로 변

화시켰다. … 한 아이의 엄마가 되는 기쁨은 주어지지 않

았지만 죽음을 향한 그녀의 삶의 모습은 많은 사람에게

새로운 형태의 삶을 일깨워 주었다. 그녀는 남들을 위해

죽는다는 것이 무엇인지 새로운 형태로 내게 보여 주었

다(Nouwen, *Vollendung* 50).

잘 죽는 길은 자신만을 위해서가 아니라 남들을 위해 죽을 때 열
린다. 죽음을 받아들이고 하느님 안으로 들어감을 주저하지 않
으면 우리 삶은 다른 사람들을 위해 열매 맺게 된다.

　예수님은 스승을 잃는다는 사실에 몹시 슬퍼하는 제자들에게
위로하며 말씀하신다.

내가 떠나는 것이 너희에게 이롭다. 내가 떠나지 않으면

보호자께서 너희에게 오지 않으신다. 그러나 내가 가면

그분을 너희에게 보내겠다(요한 16,7).

예수님이 당신의 죽음에 대해 하신 말씀을 우리의 죽음과 연결
해도 된다. 헨리 나웬은 예수님의 말씀을 제수의 죽음과 연결해
새롭게 이해했다.

사랑하는 사람들을 떠나는 것이 아니라 그들과 새로운 형태로 깊이 연결될 것이고, 살아생전보다 더 깊은 관계를 맺게 될 것임을 표현하고자 할 때, '보호자를 보내겠다'는 표현보다 더 좋은 표현이 어디 있겠는가? '다른 사람들을 위해 죽는다'는 것은 다른 사람들이 여생을 잘 살아갈 수 있도록 사랑의 영으로 힘을 준다는 뜻이 아니고 무엇이겠는가?(Nouwen, *Vollendung* 52).

죽음에 있어서 가장 좋은 연습은 예수님을 본받아 다른 사람들을 위해 죽는 것, 살면서 나에게 깊은 영향을 준 모든 것을 사람들에게 넘겨주는 것이다. 그렇게 하면 나의 죽음은 죽음과의 고독한 싸움이 아니라 헌신이 된다. 내게 닥치는 죽음을 예수님처럼 헌신과 사랑의 행위로 변화시키는 것이다. 헨리 나웬은 어머니의 죽음에 대해 묵상하면서 아버지에게 보내는 편지에서 다음과 같은 사실을 깨달았다.

저는 예수님이 자신을 위해서가 아니라 우리를 위해 돌아가셨다는 사실을 깨달았습니다. 우리도 그분을 본받아 우리 죽음을 다른 사람들을 위한 죽음이 되게 해야 한다는 사실도 알게 되었습니다. 아버지와 저를 그리스도인이게 하는 것은 죄 없으신 예수님이 우리의 구원을 위해

십자가에서 돌아가셨으며 그로써 하늘에 계신 당신 아버
지에게 난 길을 여셨다는 것을 우리가 믿기 때문만은 아
닙니다. 예수님의 죽음을 통해 우리의 죽음도 변화되었
다는 믿음도 우리를 그리스도인이게 합니다. 예수님의
죽음을 통해 우리 죽음은 삶에 의미를 부여하는 모든 것
이 전적으로 불합리하게 끝나는 것이 아니라 우리와 우
리가 사랑하는 모든 사람을 자유롭게 하는 사건입니다
(Nouwen, *Sterben* 98).

나웬은 이 글에서 중세에 발전된 '죽는 기술'의 핵심을 훌륭하게
묘사했다: '죽는 기술'의 핵심은 좋은 임종을 위한 연습, 다른 사
람들을 위해 열매 맺는 죽음이 되기 위한 연습, 다른 사람들이
우리 죽음에 힘입어 살기 위한 연습이다.

　죽음을 모든 인류와 하나 됨으로, 우리 영을 후세에 넘겨주는
일로 여기는 것은 잘 죽기 위한 중요한 방법이다. 루카는 또 다
른 방법을 전한다. 죽을 때 우리의 가장 깊은 갈망이 채워진다는
것을 보여 준다. 고대 그리스인들은 하느님을 보는 것을 인간의
가장 깊은 갈망으로 여겼다. 하느님의 모습을 볼 수 있는 능력을
얻기 위한 유일한 방법은 죽음으로 깨어져 열리는 것이다. 루카
복음에서, 예수님은 엠마오로 가는 제자들에게 당신 죽음의 의
미를 해석하셨다. "그리스도는 그러한 고난을 겪고서 자기의 영

광 속으로 들어가야 하는 것이 아니냐?"(루카 24,26). 예수님의 십자가 죽음은 하느님의 영광으로 난 길이다. 하느님의 영광으로 들어가는 우리의 길도 죽음을 통해 나 있다.

우리는 인생의 마지막인 죽음이 무엇인지 삶 속에서 이미 날마다 체험하고 있다. 일상의 고충, 질병, 노쇠, 기댈 곳 없는 무력한 상황으로 가득한 삶에 죽음은 이미 와 있다. 이 모든 고통은 우리를 망가뜨리는 것이 아니다. 우리가 삶에 대해 가지고 있는 미망들을 깨뜨린다. 고통은 '참된 영광', 하느님이 지어 놓으신 각자의 순수하고 영광스러운 상像을 위해 우리를 깨뜨려 열어 준다. 일상의 고통은 우리를 깨뜨려 우리가 예수님과 함께 죽음의 문을 통과하고 나서 뵐 수 있는 하느님 영광을 위해 우리 마음의 문을 활짝 열어 준다.

하느님의 아름다움을 볼 때 우리의 가장 깊은 갈망이 채워진다. 늙음을 하느님 영광을 위해 깨뜨려 열리는 것으로 이해한다면 죽음을 긍정할 수 있다. 그러면 예수님처럼 우리가 가는 길을 수긍할 수 있다. 무슨 일을 당하든 그 일이 우리를 망가뜨리는 것 같아도 이 길이 점점 더 커지는 하느님 영광으로 우리를 이끈다는 사실을 안다. 하느님 영광은 하느님의 순수하고 원초적 모습이 우리 내면에서 환히 빛나게 한다. 그렇게 되면 우리는 일상의 고통에 대해 불평하지 않고, 하느님이 우리를 위해 마련하신 참모습, 원초적 광채를 향해 열리기 위해 기꺼이 깨지게 된다.

늙는다는 것은 죽는 연습인 동시에 우리 내면에서 빛나길 원하는 하느님의 빛을 위해 깨져 열리는 일이다. 병으로 망가지기보다 부드럽고 환한 빛을 향해 깨져 열리는 모습을 늙은 수도자들에게서 여러 번 보았다. 하느님 영광의 빛은 병든 수도자들의 약함을 통과해 우리를 위해 환히 빛났다.

우리는 각자 나름대로 죽음을 상상한다. 가족이 지켜보는 가운데 죽고 싶다는 사람이 많다. 맑은 정신으로 남은 사람들에게 희망이 될 유언을 남기고 죽을 수 있다면 바랄 게 없다고 생각한다. 그러나 죽음에 대한 상상도 놓아 버려야 한다. 어떻게 죽을 것인가는 우리 뜻대로 되는 게 아니다. 성인들도 시련과 영혼의 고통을 겪으며 죽었다. 죽음이 갑자기 닥칠지, 오랫동안 병석에 누워 지내다 죽을지 선택할 수 없다. 노년의 칼 라너는 하느님이 이끄시는 대로 죽어야 한다고 했다.

> 예수님과 함께 이렇게 기도해야 한다. "아버지, 제 영혼을 아버지 손에 맡깁니다." 시편 말씀으로 기도해도 된다. "저의 하느님, 저의 하느님, 어찌하여 저를 버리셨습니까?"(시편 22,2). 이 기도도 하느님의 영생으로 응답받을 것이다(Rahner, *Alter* 325).

칼 라너의 어머니는 1976년, 101세의 일기로 세상을 떠났다. 라

너는 같은 예수회 신부 피에트 판 브레멘에게 어머니의 죽음을
알리는 작은 카드를 보냈다. 카드 뒷면에는 위대한 예수회 신부
며 자연과학자인 테야르 드 샤르댕의 기도가 적혀 있었다. 라너
의 어머니는 돌아가시기 몇 년 전부터 이 기도를 늘 몸에 지니고
다녔다. 이 기도를 손수 베껴 쓰고 날마다 기도를 올리면서 좋은
죽음을 맞이하기 위해 준비했다. 그 기도를 여기에 옮겨 본다.

> 이제 당신이 저의 더 높은 '자아'임을 깨달았습니다. 때
> 가 오거든 저를 파괴하고 억압하려는 낯설고 적대적인
> 권세의 모습 뒤에서 당신 모습을 다시 보게 하소서. 몸과
> 마음이 늙기 시작할 때, 사람을 쇠약하게 하고 목숨을 앗
> 아 가는 악이 저를 침범하거나 저의 내면에서 생겨날 때,
> 병들고 늙었음을 갑자기 깨닫는 고통스러운 순간에 당신
> 모습을 다시 보게 하소서. 저를 만들었던 알 수 없는 커
> 다란 권세의 손아귀에 붙잡혀 반항도 못한 채 자신에게
> 서 도망가고 있음을 느끼는 마지막 순간에 당신의 모습
> 을 보게 허락하소서. 주님, 이 어두운 시간에 (제 믿음이
> 그럴 수 있을 만큼 크다면) 고통 속에서 제 존재의 골수
> 안으로 들어오시어 저를 당신에게 끌어당기기 위해 제
> 존재의 힘줄들을 한쪽으로 밀고 계시는 당신을 알게 하
> 소서(Piet van Breemen 70 이하 참조).

이 기도를 통해 칼 라너의 어머니는 죽음의 신비를 준비했으며 죽으면서 사랑하는 하느님 품에 자기를 맡길 수 있었을 것이다.

그리스도인들은 예수님이 십자가 죽음으로 우리를 구원하셨다고 말한다. 이 신비를 밝히기 위한 많은 방법이 있다. 예수님은 죽음을 통해 우리도 하느님 영광 한가운데서 죽어 갈 수 있음을 보여 주셨다. 이렇게 그분은 죽음에 대한 두려움을 거두어 주셨다. 죽음은 잔혹한 최후가 아니라 새로운 시작이다. 죽음은 하느님의 영원한 생명 안에서 부활하는 것이다.

헨리 나웬은 예수님의 죽음으로 우리 죽음이 구원되었음을 이해할 수 있는 또 다른 방법을 가르쳐 주었다. 그는 사람들이 죽음을 잔인하다고 생각하는 이유는, 죽을 때 사람들과 영원히 이별한다고 생각하기 때문이라고 본다. 사람들은 자식이나 손자·손녀를 혼자 두고 떠나야 하기 때문에, 혼자 고독하게 죽어 가는 것을 두려워한다. 예수님의 죽음은 우리에게 다른 가능성을 보여 준다.

> 예수님은 우리를 위해 죽음으로써 우리의 죽음이 단절이나 결별에 그치지 않게 만드셨다. 그분의 죽음은 우리의 죽음을 일치와 친교에 이를 수 있는 가능성으로 열어 주었다. 이는 우리 신앙이 우리로 하여금 실행할 수 있도록 해 주는 근본적 방향 전환이다(Nouwen, *Vollendung* 91).

요한 복음에 따르면 예수님은 죽음으로, 어머니에게는 당신이 사랑하시던 제자의 존재를, 당신이 사랑하시던 제자에게는 어머니의 존재를 상기시키시며 두 사람이 가까워지도록 하셨다. 죽어 가는 사람이 갈등으로 분열되었던 가족을 다시 화합시키는 경우를 우리도 가끔 본다. 헨리 나웬은 장애인 모우의 죽음에 대해 이야기한다. 모우는 죽음을 통해 그를 돌봐 주던 사람들이 "그가 죽기 전보다 더 가까운 사이가 되도록 했다"(Nouwen, *Vollendung* 80). 요한은 예수님의 죽음의 본질은 사랑에 있다고 본다. 예수님도 자신의 죽음을 친구들을 위한 헌신으로 이해하신다. "친구들을 위하여 목숨을 내놓는 것보다 더 큰 사랑은 없다"(요한 15,13).

친구들을 위한 헌신으로 죽음을 맞는다면 그 죽음은 구원받는다. 그러면 죽음은 우리를 어둠, 고독, 소외가 아니라 모든 사람과의 친교로 데리고 간다. 우리는 자신의 죽음에 의미가 있음을 알게 된다. 우리는 자신만을 위해서가 아니라 다른 사람들을 위해서도 살고 죽는다. 삶을 구원한 것이 사랑이라는 사실이 죽음에서 분명해진다. 죽으면서 사랑을 완성한다면 죽음이 구원되며, 죽음을 통해 다른 사람들을 위해서도 무엇인가가 해결된다. 두려움은 사라지고 그들은 우리와 하느님과 새롭게 결속됨을 느낀다. 나는 예수님의 십자가 죽음을 통한 구원의 신비가 바로 여기에 있다고 본다.

예순두 살인 나는 아직 '젊은 노인'에 속한다. 그러니 이 책이 "나의 경험에서 나온 것이니 옳다"라고 확신할 수 없다. 이 책에서 나는 내 앞에 놓인 시간을 내다보면서 나를 위한 길이라고 여기는 것을 말할 뿐이다. 나의 주요 관심사는 나를 방해하는 것을 긍정하는 일이다. 나에게 닥칠 일 때문에 내가 망가지느니 차라리 내가 삶에 대해 가졌던 망상을 깨버리고 싶다. 나의 유한성과 한계, 쇠약해지고 결국에 죽게 되리라는 사실을 긍정하는 일은 내게 주어진 중요한 영적 과제다. 내가 언제 어떻게 죽을 것인가는 하느님 손에 달려 있다.

칼 라너가 죽기 직전에 쓴 글은 이제 늙고 죽음을 향해 가고 있다는 사실에 대해 성찰하던 내게 강한 인상을 남겼다.

노인들은 현세의 삶에 대한 용기와 영생에 대한 희망 사
이의 기이하고도 유일무이한 긴장 가운데 서 있다. 우리
는 살아 있으므로 살기 위해 노력해야 한다. 우리가 지닌
이곳의 삶의 빛은 확실히 점점 더 흐려지고 낮아지며 불
안하게 떨리곤 한다. 이 점에 관한 한 노인들에게는 한정
된 가능성만 남아 있음이 분명하다. 착각에 빠져 우리가
원하기만 한다면 그전에 가졌던 삶의 활력을 얼마든지
유지할 수 있다고 스스로에게 거짓말할 필요가 없다. 공
허하기 짝이 없는 상투어가 여럿 있다. 예컨대 "늙는 것
은 마음먹기에 달렸다"는 말 같은 것이다. 이런 상투어
때문에 자기를 괴롭혀서는 안 된다. 모든 차원에서 (정신
적 차원에서도) 삶의 기력이 감퇴한다는 사실을 솔직하
고 담담하게 인정해야 한다. 그럼에도 우리는 아직 살고
있다. 그러니 여생을 정말로 살고 또 가득 채우고 싶어
해야 한다(Rahner, *Alter* 323).

노년에도 나름의 의미가 있으며 나름의 도전이 있다. 늙어 가면
서 내게는 무엇보다도 영적 과제가 주어졌다.

받아들이고 놓아 버리기에 대해 말하기는 쉽다. 그러나 막상
구체적으로 내가 손에 쥐고 있는 과제를 놓아 버려야 할 상황이
되면 그것이 얼마나 어려운지 알게 된다. 놓는 일을 방해하는 온

갖 생각이 떠나지 않는다. 이제까지 내가 해 온 일을 다른 사람들이 정말 잘할 수 있을지 의문스럽고, 내가 죽고 나면 내 영성의 방향이 계속 유지될 수 있을지 염려스럽다. 이 모든 의문과 염려는 물론 당연하다. 그럼에도 이런 생각들은 내가 이룩해 온 모든 것을 놓아 버릴 수 없게 하며, 사람들이 내 의견을 묻지 않는 새로운 상황을 받아들일 수 없게 한다.

내 강연에 많은 사람이 찾아오고 내가 쓴 책을 많은 독자가 읽는다는 사실에 무척 감사한다. 그런 나의 성공이 나의 존재를 규정하지 않는다고 지금은 말하고 있지만 텅 빈 강당에서 강연을 하게 되거나 아무도 내게 강연을 청하지 않는 때가 오면 어떻게 반응할지 아직 확신할 수 없다. 그런 상황이 실제로 닥치면 정말 심각한 문제가 될 것이다. 이 문제는 내가 올바로 늙어 가는 길이라고 여기는 것들을 스스로 실천할 수 있을지 구체적이고 너무도 분명하게 물어 올 것이다. 하지만 하느님이 나를 내면의 길로 안내해 주실 것이라 믿는다. 나는 외적인 것을 버리고 영혼의 고요한 세계와 이해할 수 없는 하느님의 신비로 들어갈 준비가 되어 있다고 굳게 믿을 것이다.

늙어 가는 사람 누구도 자신이 얼마나 잘 늙을 수 있을지 짐작하고 장담할 수 없다. 늙는 것을 연습하고 성취하는 것은 고도의 기술이다. 어떤 기술을 배울 때는 실수하기 마련이다. 늙어 가는 일에서도 마찬가지다.

이 책에서 서술한 여러 단계가 늙어 가는 기술을 익히는 데 도움이 되길 바란다. 책에 열거된 순서를 꼭 따라야 하는 것은 아니다. 마지막 단계에서 되돌아와 첫 단계에서 다시 시작해야 할 때도 있다. 잘 늙는 법을 연습한다면 하느님이 우리의 노력을 축복하시어 노년의 지혜와 평정, 자유와 온유를 베푸실 것이다.

늙는 것이 독자와 나를 지혜롭게 하고 자신과 남들에게 너그러워지는 길이 되길 바란다. 늙어 가면서 시편 저자의 말을 간절한 마음으로 기도할 수 있었으면 좋겠다. "늙어서도 열매 맺으며, 수액이 많고 싱싱하리니, 주님께서 올곧으심을 알리기 위함이라네"(시편 92,15-16).

독자 여러분의 노년이 행복했으면 좋겠다. 성숙한 마음으로 하느님 앞에서 침묵으로 들어가 성장하고, 노년과 죽음 안에서 주위 사람들을 위한 축복이 되기를 바란다. '세상을 떠나다'das Zeitliche segnen(현세를 축복하다)라는 관용어가 의미하는 바를 성취하기를 바란다. 예수님은 어떻게 하면 현세를 축복할 수 있는지, 어떻게 죽어야 하는지 보여 주셨다. 루카는 예수님이 삶의 마지막에 세상과 제자들을 축복하며 떠나시는 모습을 묘사한다.

> 예수님께서는 … 손을 드시어 그들에게 강복하셨다. 이렇게 강복하시며 그들을 떠나 하늘로 올라가셨다(루카 24,50-51).

예수님의 강복을 받은 제자들은 죽음을 넘어서까지 예수님과 하나다. 그들은 크게 기뻐하며 예루살렘으로 돌아가 성전에서 하느님을 찬미한다.

우리가 살고 있는 지금 이 시간에 주위 사람들을 축복할 때만, 하느님의 축복이 그들을 동행해 주십사고 기도할 때만 훗날 우리는 '세상을 떠날' 것이다. 주위 사람들이 우리의 현존과 삶과 죽음을 통해 축복받고 있음을 안다면, 우리 죽음에 대한 그들의 반응이 루카 복음이 말하는 제자들의 반응과 비슷할 거라고 믿어도 될 것이다. 그들은 크게 기뻐하며 일상으로 돌아갈 것이다. 우리의 삶과 죽음을 통해 자신들이 은총과 축복을 받았다고 느낄 것이기 때문이다.

늙어서 지혜로워지고 자신과 평화롭게 살며 주위 사람들에게 밝은 빛을 선사하는 노인을 보면, 우리는 그가 가족과 다른 사람들, 이 세상을 위한 축복이라고 말하곤 한다. 하느님이 아브라함에게 "그리하여 너는 복이 될 것이다"(창세 12,2)라고 하신 약속은 우리 모두에게도 하신 약속이다. 우리가 이 약속을 마음 깊이 새긴다면, 늙어서 남에게 짐이 되어 죄스럽다는 생각을 하지 않을 것이다. 그보다도 인생의 모든 단계에서(노년과 죽는 순간에도) 우리가 사람들을 위한 축복이 되도록 허락받은 존재라는 사실을 신뢰할 것이다. 이 약속을 마음속 깊이 간직하면 고독과 노쇠, 늙고 죽는 일을 긍정하는 데 훨씬 수월할 것이다.

　나이 드는 기술의 여러 단계를 연습하면 살아 있는 동안 그리고 죽어서도 다른 사람들을 위한 축복이 될 것이다. 성공한 노년에 대해 이보다 더 좋은 표현은 없을 것이다. 우리가 죽을 때 사람들이 "그분은 우리를 위한 축복이었고 또 여전히 축복이다"라고 말할 것임을 굳게 믿어야 한다.

Alfons AUER, *Geglücktes Altern. Eine theologisch-ethische Ermutigung*, Freiburg 1995.

Barbara BOJACK/Klaus SANDEN, *Älter werden – lebensfroh bleiben. Wie wir uns vor Altersdepression schützen*, Freiburg 2006.

Piet van BREEMEN, *Alt werden als geistlicher Weg,* Würzburg 2004.

Martin BUBER, *Die Erzählungen der Chassidim,* Zürich 1949.

Richard EGENTER, Last und Segen der Einsamkeit, in: *Älter werden – zufrieden sein,* hrsg. v. Karl Stelzer, München - Luzern 1976, 68-84.

Notker FÜGLISTER, Furcht und Ehrfurcht vor dem Alter. Die Bibel zum Problem des Alterns, in: *Alter, Altern, Altenpastoral,* hrsg. v. Wilhelm Zauner, Wien 1973, 64-78.

Friedrich E. Freiherr von GAGERN, Sinnerfülltes Altern, in: *Älter werden – zufrieden sein,* hrsg. v. Karl Stelzer, München - Luzern 1976, 10-21.

Anselm GRÜN, *Erlösung durch das Kreuz. Karl Rahners Beitrag zu einem heutigen Erlösungsverständnis,* Münsterschwarzach 1975.

Johannes GRÜNDEL, Grundhaltungen und Fehlhaltungen im Alter, in: *Älter werden – zufrieden sein,* hrsg. v. Karl Stelzer, München - Luzern 1976, 111-122.

Romano GUARDINI, *Die Lebensalter,* Mainz 1986.

Mila HANKE, Von Augenweide bis Ohrenschmaus: Die Erlaubnis zum schönen Leben, in: *Psychologie heute,* März 2007, 44-51.

Hermann HESSE, *Mit der Reife wird man immer jünger. Betrachtungen und Gedichte über das Alter,* Frankfurt 1990.

Eva JAEGGI, *Tritt einen Schritt zurück und du siehst mehr. Gelassen älter werden,* Freiburg 2005.

Carl Gustav JUNG, *Gesammelte Werke* Bd. 8, Zürich 1967.

—, *Briefe* 1956~1961, Olten 1973.

Johannes KUHN, *Aufbruch in ein neues Land. Das Alter als Aufgabe,* Stuttgart 1986.

Christian MÜLLER, Zur Psychiatrie des Alterns, in: *Was alte Menschen brauchen,* hrsg. v. Paul Sporken, Freiburg 1986, 91-106.

Peter MÜLLER, *Mach's dir leichter! Leib und Seele entrümpeln. Ein Fastenführer,* München 2007.

Henri NOUWEN, *Zeit, die uns geschenkt ist. Älterwerden in Gelassenheit,* Freiburg 1983.

—, *Sterben, um zu leben. Abschied von meiner Mutter,* Freiburg 1983.

—, *Die Gabe der Vollendung. Mit dem Sterben leben,* Freiburg 1994.

—, *Von der geistlichen Kraft der Erinnerung,* Freiburg 1984.

Karl RAHNER, Prolixitas mortis, in: *Mysterium Salutis* 5, Einsiedeln 1976, 466-472.

—, Zum theologischen und anthropologischen Grundverständnis des Alters, in: *Schriften zur Theologie* 15, Einsiedeln 1983, 315-325.

Fritz RIEMANN, *Die Kunst des Alterns,* Stuttgart 1981.

Heinrich SCHIPPERGES, *Sein Alter leben. Wege zu erfüllten späten Jahren,* Freiburg 1986.

Peter ZEMAN, Goldener Herbst und Graue Panther – Selbsthilfe in der Altenarbeit, in: *Was alte Menschen brauchen,* hrsg. v. Paul Sporken, Freiburg 1986, 107-130.